북한
음식·위생·국제사회 지원
&
건강

북한 음식·위생·국제사회 지원 & 건강

초판 1쇄 인쇄 2025년 6월 13일
초판 1쇄 발행 2025년 6월 19일

지은이 | 김석향 · 천경효 · 김미주 · 임소진
펴낸이 | 윤관백
펴낸곳 | 선인
등 록 | 제5-77호(1998.11.4)
주 소 | 서울시 양천구 남부순환로 48길 1
전 화 | 02)718-6252/6257
팩 스 | 02)718-6253
이메일 | suninbook@naver.com

정가 10,000원
ISBN 979-11-6068-980-8 93300

이 저서는 2022년 대한민국 교육부와 한국연구재단의 지원을 받아 수행된 연구임 (NRF-2022S1A5A2A03051003)

· 잘못된 책은 바꿔 드립니다.
· 이 책은 저작권법에 따라 보호를 받는 저작물이므로 무단 전재와 복제를 금합니다.

북한
음식·위생·국제사회 지원 & 건강

- 영양가와 치료효능의 강조
- 위생과 건강
- 자력갱생의 한계
- 사회주의 보건의료 시스템 구축
- 고난의 시기: 경제난과 보건의료 시스템 위기
- 북한이탈주민과 북한주민의 건강권 문제
- 한반도 일차 건강관리 롤모델
- 국제사회의 대북 원조지원
- 보건의료 현대화 시도
- 민간요법 중심 위생 정책
- 음식과 건강

김석향 · 천경효 · 김미주 · 임소진 지음

ᄎ선인

Part 1 한반도 일차 건강관리 플랫폼 논의의 필요성 | 김석향

1 | 북한이탈주민과 북한주민의 건강권 문제   12
2 | 용어의 정리   15
    1) 탈북자, 탈북민, 북한이탈주민   15
    2) 한반도 1차 건강관리 플랫폼   18
3 | 기획 의도와 구성   20
    1) 이 책의 기획 의도   20
    2) 이 책의 구성   21
      (1) 한반도 일차 건강관리 플랫폼 논의의 필요성 (김석향)   21
      (2) 음식과 건강 (천경효)   22
      (3) 위생과 건강 (김미주)   24
      (4) 국제사회 지원과 건강 (임소진)   28

Part 2 음식과 건강 | 천경효

1 | 들어가며   35
2 | 음식과 신체, 건강 사이의 관계를 이해하는 방식   41
3 | 『천리마』(2010-2019)에 실린 글들을 통해 본 북한의 음식과 건강에 대한 사고   46
    1) 『천리마』   47
    2) 영양가와 치료효능의 강조   49
      (1) 일반 영양가 강조의 사례   50
      (2) 특수 영양가 강조의 사례   50
      (3) 직접 치료효능 강조의 사례   51

3) 식품관련 건강정보 구성	51
(1) 건강상식	52
(2) 의학상식	53
(3) 아시는지요	54
(4) 민간료법	55
(5) 의사상담실	56
4	나가며	60

Part 3 위생과 건강 | 김미주

1	서론	79
2	연구 방법 및 분석 대상 자료 특징	82
1) 연구 방법	82
2) 분석 대상 자료 소개	83
3) 분석 대상 자료 연도별·주제별 추이	84
(1) 연도별 위생 기사 추이	85
(2) 주제별 빈도 분석	88
3	김일성 시기 : 사회주의적 보건의료 시스템 구축과 민간요법 중심 위생 정책	91
1) 사회주의적 의료체계 구축	94
2) 예방의학 강조 및 고려의학 활용	96
4	김정일 시기 : 경제난과 보건의료 시스템 위기	98
1) 경제난과 위생 인프라 붕괴	100
2) 국제 원조 의존 증가	102

5 | 김정은 시기 : 보건의료 현대화 시도와 자력갱생의 한계 105
   1) 현대화된 의료 시스템 구축 시도 109
   2) 보건의료 체계 개편 시도: 자력갱생의 한계 111
6 | 결론 114

Part 4 국제사회 지원과 건강 | 임소진

1 | 국제사회의 원조지원에 대한 이해 123
2 | 국제사회의 대북 원조지원 132
   1) 러시아(구소련)와 중국 132
   2) 국제기구 140
   3) 유럽연합 145
   4) 미국 146
   5) 일본 148
   6) 한국 150
   7) 그 외 공여국들 154
   8) 비정부기구 157
3 | 결론 : 국제사회의 대북지원과 건강 159

Part I

한반도 일차 건강관리 플랫폼 논의의 필요성

김석향

이 책은 2022년도 한국연구재단 과제로 선정이 된 [한반도 1차 건강관리 플랫폼 구성: 북한이탈주민 건강권 보장] 연구진이 기획-출판한 결과물의 하나로 내놓은 책자에 해당한다. 처음 연구 제안서를 제출할 때 서술해 놓은 것처럼 오늘날 남북한은 한반도 전체를 아우르는 공동체 구성에 필요한 관계를 새롭게 정립해 나가야 하는 과제에 직면하고 있는 상태라 하겠다.

그 가운데 우리 연구팀은 통일로 가는 길에서 남북한 주민의 건강 문제를 전반적으로 돌보는 플랫폼을 구성하는 것이 무엇보다 중요한 과제라는 사실에 인식을 같이 하였다. 당연히 이 주제를 해결하는 과정은 길고 지난한 과정이 될 것이기 때문에 2022년 이후 36개월 동안 진행해 온 우리 연구팀에서 모든 사안을 한꺼번에 해결할 수 없는 일이었다. 따라서 우리 연구팀은 지난 3년 동안 북한이탈주민의 건강권 보장이라는 구체적인 영역을 통해 한반도 일차 건강관리 플랫폼의 기본 모형을 구성해 보는 작업에 집중하는 것을 목표로 삼았다. 이제 그 내용을 어떻게 진행해 왔는지, 또 연구의 결과물 중에서도 시급하게 정리해야 할 내용으로 무엇이 있는지 간략하게 소개해 보고자 한다.

1
북한이탈주민과 북한주민의 건강권 문제

　사람이 사람답게 산다는 말은 누군가 삶을 평온하게 유지할 조건을 갖추어 놓은 상태에서 일상생활을 영위한다는 것을 의미한다. 그런데 실제로 사회 전반에 걸쳐 그 구성원 다수가 일상생활에서 평온한 삶을 유지할 조건을 갖추어 놓는다는 것은 절대 쉬운 일이 아니다. 무엇보다 사회 구성원의 건강권 관련하여 절대 다수가 평등하게 혜택을 누릴 수 있도록 평등하고 공정한 삶의 조건을 갖추어 놓는 것은 반드시 필요한 일이지만 그만큼 쉽게 달성하기 어려운 영역이기도 하다. 구체적으로는 전체 사회 구성원의 건강권 수호에 필요한 여건을 어디까지 갖추어 놓아야 하는 것인지 그 기준을 정하는 일부터 쉽지 않은 과제로 남아 있다.

　과연 동일한 사회의 구성원이라면 누구나 각자 자신의 건강을 돌보고자 할 때마다 필요한 자원을 스스로 선택할 권리를 누릴 수 있도록 보장하는 것이 옳은 일인가? 오히려 특정 유형의 사람이 여타 구성원보다 더 중요한 일을 하거나 사회적인 기여도가 높으면 이들을 상대로 다른 사람보다 먼저 건강권을 누릴 자격을 부여하는 것이 마땅한 일인가?

결국 특정 사회 내부의 구성원이 건강권을 어떻게 누리고 있는지 세밀하게 분석하는 일은 복잡하고도 어려운 과제가 될 수밖에 없다. 한 걸음 더 나아가 이 책에서 연구하려 하는 대상처럼 북한에서 출생한 뒤 그 곳을 탈출하여 한국이나 그 이외의 여러 지역에서 새로운 삶이 무대를 만들어 가려고 노력하는 북한이탈주민의 건강권 문제를 논의한다는 것은 그만큼 어렵고 무거운 과제라 하겠다.

그럼에도 불구하고 한반도 일차 건강관리 플랫폼을 구성하려면 북한이탈주민의 건강권 보장이라는 측면에 주목할 수밖에 없다는 것이 우리 연구팀의 판단이었다. 그 이유는 무엇보다 북한이탈주민의 건강권 실태 자료야말로 우리 연구팀이 현지조사를 할 수 없는 북한주민 관련 현실을 간접적으로 보여주는 지표가 되기 때문이다.

북한당국은 주민의 건강권 관련 자료를 제대로 공개하지 않는 것으로 잘 알려져 있다. 마치 선전선동을 하는 누군가 앞에 나서서 정치적 구호를 강력하게 외치고 인민대중이 "세상에 부럼 없어라" 같은 노래를 함께 부르는 분위기로 평범한 주민들의 건강권 자료를 대체하려는 것으로 보이기도 한다. 주변의 상황이 전반적으로 다 열악한 상태로 남아 있는데 유독 정치지도자가 이른바 "위대한 인민을 향해" 애정어린 발언을 쏟아내기만 해도 주민들이 사람답게 사는 조건을 다 갖춘 것이나 마찬가지라고 북한당국은 주장한다.

이와 같은 북한당국의 주장에 맞서 우리 연구팀은 지난 3년의 연구를 갈무리하는 한편 북한이탈주민의 건강권 보장이라는 측면에서 한 걸음 더 나아가 남북한 주민을 모두 다 아우르는 한반도 1차 건강관리 플랫폼 모형 구축에 필요한 자료를 최대한 생산하여 이 책에 담아내고자 했다.

# 2
용어의 정리

이 부분에서는 우리 연구팀이 자주 사용하는 용어의 의미와 활용 방안을 아래와 같이 정리하고자 한다.

1) 탈북자, 탈북민, 북한이탈주민

탈북이라는 개념을 글자 그대로 해석한다면 북한을 탈출하는 행위를 의미한다. 그런 의미에서 탈북한 사람을 가리켜 탈북자라는 호칭을 사용하는 것은 지극히 자연스러운 일이라 하겠다. 그럼에도 불구하고 오늘날 한국 사회에서 탈북자라는 호칭은 탈북한 사람들이 그다지 달갑게 생각하지 않는 용어로 꼽힌다. 달갑게 생각하지 않는 수준을 벗어나 자신을 도우려 하는 사람이 탈북자라는 호칭을 사용했다는 이유로 비난하거나 항의하는 사례도 드물지 않게 나타난다.

사실 탈북한 사람들이 탈북자라는 호칭을 싫어하는 이유는 명확하게 드러나 있지 않다. 다만 누군가 자신을 향해 탈북자라고 부를 때 者 놈 자라는 글자가 나오는 만큼 마치 탈북한 놈이라고 "아래로 낮추어 보고" 비하하는 것 같아서 탈북한 사람들이 유난히 싫어한다는 이야기가 널리 퍼져 있는 실정이다.

이와 같은 정서적 거부감이 팽배해 있는 현실 때문에 정치권으로 진출하고 싶어 하는 몇몇 탈북 단체장들 중심으로 이향민이나 북향민, 자유북한인, 자유이주민 등 자신들이 원하는 호칭으로 대체해야 한다고 주장하는 움직임이 나타났다 사라지는 일이 수도 없이 발생했었다. 그렇지만 이렇게나 복잡하고 다양한 용어가 요란스럽게 등장하는 일은 많지만 그런 용어 가운데 대중적 인기를 누리며 끝까지 살아남은 호칭은 찾아볼 수 없는 것이 오늘의 현실이다. 그저 몇몇 단체장 중심으로 어느 정도 사용 빈도를 높여가다가 사람들이 인지하지 못하는 사이에 슬그머니 자취를 감추는 양상이 끊임없이 반복해서 나타날 뿐이다.

반면 탈북민이라는 용어는 者 놈 자 대신 民 백성 민이라는 글자를 사용한다는 이유로 탈북한 사람들 사이에서 상대적으로 거부감이 강하지 않은 호칭이라는 평가를 받는다. 사실 탈북한 사람을 향해 탈북자라고 부를 때 분노하다가 탈북민이리고 호명하면 심리적 거부감을 드러내지 않는 이유가 무엇인지 뚜렷하게 분석하거나 설명해 놓은 자료는 찾을 수 없었다. 무엇보다 탈북한 사람들 스스로 그 이유가 무엇인지 명확하게 제시하는 사례도 찾을 수 없어 답답하다고 느끼게 되는 경우가 많다는 것이 오늘의 현실이다. 그러나 이 책에서는 가능하면 탈북자 대신 탈북민이라는 호칭을 사용하여 원고를 작성하려 한다. 탈북한 사람들 스스로 탈북자에 비해 탈북민으로 대접을 받기 원한다면 하나의 호칭을 버리고 다른 호칭을 선택하지 않을 이유가 없다는 생각이 들어서 이런 결정을 내리게 된 것이었다.[1]

다만 제2장 음식과 건강, 제3장 위생과 건강, 제4장 국제사회 지원과 건강 부분 원고를 작성하신 공동연구원은 각자 자신이 선호하는 호칭을 사용하여 글을 작성했다는 사실을 미리 밝혀두고자 한다. 공동연구원 세 분의 글을 받아 편집하는 과정에서 혹시 오타를 발견한다면 수정하겠지만 그 이외에는 원고 내용에 가필한 일이 없다는 점도 아울러 명시해 두고 싶다.

그 이외에 또 탈북자나 탈북민과 별개로 북한이탈주민이라는 호칭을 사용하는 경우도 간혹 볼 수 있다. 북한이탈주민이라는 호칭도 북한을 떠난 사람이라는 측면에서는 앞서 언급한 탈북자나 탈북민과 다르지 않다. 그런데 북한이탈주민이라는 호칭은 관련 법률에 등장하는 공식 용어로서 독보적인 위상을 지니고 있다

---

[1] 탈북자와 탈북민, 북한이탈주민 등 탈북한 사람을 호명하는 호칭과 관련한 논의는 김석향 (2023) 『탈북의 역사: 지상낙원 북한을 탈출하다』, 도서출판 선인 제1부 탈북 현상을 역사로 기록할 수 있을까 부분을 참고하는 것이 필요한 일이라고 생각한다.

는 점에서 독특하다 하겠다. 그렇지만 일상적인 대화의 현장에서 북한이탈주민이라는 호칭을 사용하는 경우는 그리 흔한 일이 아니라고 생각한다. 따라서 이 책에서는 필요에 따라 북한이탈주민이라는 호칭도 같이 사용하되 일차적으로는 탈북민이라는 용어를 주로 활용하려고 한다는 사실을 미리 밝혀 두고자 한다.

2) 한반도 1차 건강관리 플랫폼

오늘날 한국 사회는 한반도 공동체를 위한 변화에 대비하여 분야별로 구체적 방안을 마련해야 하는 시기에 직면해 있다. 이 사실은 남북한 주민 전체를 아우르는 건강관리 체계를 만들어야 한다는 측면에도 고스란히 적용이 된다고 하겠다.

원래 일차 건강관리(primary health care) 개념은 간호 영역에서 지역 사회 구성원의 질병 치료와 예방, 건강의 유지 증진을 목표로 개인과 가정을 포함하여 누구나 손쉽게 이용할 수 있는 건강서비스 체계를 말하는 의미로 사용해 왔다. 말하자면 개인이나 가족, 특정 학교와 마을 등 소규모 공동체 구성원의 건강관리 및 건강권 향유 현황을 파악하는 차원을 넘어 지역 사회 구성원 누구나 이용자로서 전면적으로 참여하고 이용할 수 있도록 설계한 건강관리 체계가 곧 일차 건강관리(WHO, 1996) 개념이라는 뜻이다. 따라서 일차 건강관리 체계가 작동하기 시작하면 지역 사회 구성원 전체를 대상으로 질병 예방은 물론이고 질병의 조기 발견, 만성질환의 통합적이고 지속적인 관리 및 재활에 이르기까지 건강과 질병의 모든 과정에 개입하면서 최선의 대안을 모색해 나가는 시스템이 일상적으로 움직이기 시작하게 된다.

결국 이런 측면에서 볼 때 한반도 일차 건강관리 체계를 확립한다는 것은 남북한 주민 모두의 건강을 유지하고 증진하는 데 있어 반드시 갖추어 두어야 하는 필수불가결한 요인이라 하겠다. 게다가 2020년 이후 지구촌 곳곳에서 큰 풍랑을 일으켰던 감염성 질병 코비드 19 사태 이후 남북한의 구별을 넘어 한반도 전역을 대상으로 일차 건강관리 체계를 확립하고 작동해 나가야 하는 일이 얼마나 긴급하고도 중요한 과제인지 누구나 느끼지 않을 수 없는 상황이 도래했던 것이다. 바로 이런 점이 2022년도 한국연구재단 과제로 선정이 된 [한반도 1차 건강관리 플랫폼 구성: 북한이탈주민 건강권 보장] 연구의 중요성을 웅변적으로 드러내 준다고 생각한다.

3
기획 의도와 구성

1) 이 책의 기획 의도

이 책이 2022년도 한국연구재단 과제로 선정이 된 [한반도 1차 건강관리 플랫폼 구성: 북한이탈주민 건강권 보장] 연구진이 생산해 낸 결과물 가운데 하나라는 사실은 앞에서 언급한 바와 같다. [한반도 1차 건강관리 플랫폼 구성: 북한이탈주민 건강권 보장] 연구진은 북한학과 글로벌한국학, 개발협력학 분야의 전문가 집단과 간호학 분야의 전문가 집단이 결합하여 2022년 7월 이후 각자의 관점에서 탈북민의 경험에 토대를 둔 한반도 일차 건강관리 체계를 만들어내는데 필요한 기초자료를 생산하려 최선의 노력을 기울여 왔다. 이제 3년의 여정을 마무리하면서 간호학 분야의 연구진은 『남북한 간호 현황과 미래 전망』 제하의 책자를 이미 출판하였고 북한학과 글로벌한국학, 개발협력학 분야 연구진은 이제 『북한 음식·위생·국제사회 지원 & 건강』 제하의 책자 출판을 목전에 앞두고 있다.

이 책은 총 4부로 구성을 했는데 제1부에서는 이미 살펴본 바와 같이 한반도 일차 건강관리 플랫폼 논의의 필요성과 중요성 관련하여 몇 가지 짚어봐야 할 내용 중심으로 전체적인 책의 방향성을 제시하였다. 다음으로 제2부 음식과 건강에 이어 제3부에서는 위생과 건강을 주제로 북한에서 나온 원전 자료를 활용하여 북한 보건의료 정책을 세밀하게 관찰하고 분석한 내용을 담아냈다. 마지막으로 제4부 국제사회 지원과 건강 부분에서는 지금까지 국제기구를 비롯한 다양한 조직에서 북한을 대상으로 각종 지원사업을 진행해 온 역사적 과정을 상세하게 서술한 내용이 나온다. 이제 그 내용을 조금 더 자세하게 소개하고자 한다.

2) 이 책의 구성

(1) 한반도 일차 건강관리 플랫폼 논의의 필요성 (김석향)

이 책은 총 4개의 장으로 구성해 놓았다. 지금까지 논의해 온 제1부 내용 다음으로 이어지는 제2장과 제3장, 제4장에서 각 장별로 공동연구자 한 분이 어떤 내용을 담았는가 하는 점을 중심으로 관련 내용을 아래 부분에서 간략하게 소개하고자 한다.

(2) 음식과 건강 (천경효)

제2부 음식과 건강 저자 천경효는 북한의 생활잡지 『천리마』 내용을 토대로 건강과 의료 관련 북한 내 보편적 인식 실태를 분석하였다. 『천리마』는 1959년 당시 북한당국이 생산 독려를 목표로 주도했던 천리마 운동 현황을 널리 알리고자 창간했던 잡지로 그 이후 2025년 6월 현재 시점에도 여전히 발행하고 있다. 월간 종합교양지 『천리마』는 일반기사, 상식, 시사해설, 시와 소설, 속담과 수수께끼, 유머와 만화, 역사 강좌와 인물 소개 등 다양한 영역의 주제를 다루어 북한 사회에서 폭넓은 인기를 누린다는 평가를 받는다.

천경효는 북한당국의 권력이 김정일에서 그 아들 김정은에게 넘어가는 조짐이 나타나던 2010년 이후 젊은 지도자가 어느 정도 자신의 체제를 굳혀 가던 2019년까지 기간을 한정하여 『천리마』에 나오는 건강이나 의료, 보건 관련 기사 내용에서 음식과 건강 사이의 관계를 어떻게 서술하고 있는지 분석하였다. 구체적으로 해당 기사 중에서 질병의 발생기전 설명이나 처방약제를 통한 치료방법 제시, 질병증상에 대한 응급처치 및 의학적 대처 등 전문적인 의학 및 약학의 영역에 속하는 내용은 제외하고 음식이나 식재료 본연의 성질을 건강효능의 차원에서 다루고 있는 부분을 선별하여 기본적인 분석 대상 자료로 특정하였다고 천경효는 설명한다. 해당 자료의 범주에는 이른바 "민간료법, 약초, 가정주부상식 등의 전통적 건강관련 정보" 역시 많이 나오고 건강에 좋은 식품이나 식자재의 효능을 다루는 짧은 글까지 등장한다고 했다.

이 글을 통해 천경효는 북한 사회에서 건강과 보건이라는 공공개념의 가치가 일상에서 소비하는 음식과 식품에 어떻게 구현이 되어 나타나는지 구체적인 사례를 통해 살펴볼 수 있었다고 강조한다. 이 과정에서 『천리마』에 나오는 건강상식과 의학상식, 민간료법, 의사상담실 같은 글 꼭지의 내용은 과학적-분석적 지식과 전통적-유추적 지식 사이의 경계를 규정하는 동시에 자연스럽게 넘나드는 특성을 보인다는 점도 부가적으로 설명해 놓았다. 이런 상황은 아마도 고려의학의 전통, 북한 특유의 보건 시스템 구조, 사회경제적인 상황의 특수성, 건강과 음식을 바라보는 북한주민의 보편적 인식틀 등 다양한 요인이 복합적으로 작용한 결과로 보인다는 것이 천경효가 주장하는 내용이다.

건강권 관련 인식은 최근에 인간의 삶을 구성하는 다양한 조건을 종합적으로 다루는 학술적 논의가 늘어나며 더불어 증진이 되는 영역이라 하겠다. 특히 유엔 차원에서 생명권과 아울러 사회권 관련 논의가 많아지면 그 일환으로 개인이 경험하는 건강권 관련한 연구가 꾸준한 증가세를 보인다고 천경효는 지적한다. 건강 관련 지식, 태도, 행동 분석을 통해 사회적 균열을 감지하고 건강한 사회적 통합을 지향할 수 있다는 점에서 이민자나 이주집단 연구에서 중요한 부분으로 등장하는데 북한이탈주민은 한국 사회 내 여러 이주민 집단 중에서도 특수한 양가성을 담보한 집단으로 이들의 행태를 연구하는 것은 그만큼 중요한 의미를 지닌다고 하겠다. 무엇보다 우리 사회 내부에 새로 자리를 잡은 탈북민의 행태를 연구하는 것은 일상적, 학문적 접근이 사실상 완전히 차단이 된 상태로 놓여 있는 북한 내 사회적 현상을 연구하는 표본으로서 가치를 지닌다는 점을 지적하면서 천경효는 앞으로 남북한 사회에 이동과 교류 활성화로 광범위한 생활의 공유가 일어나는 시점을 대비하여 기초자료를 조성해 간다는 의미를 지닌다고 평가하였다.

(3) 위생과 건강 (김미주)

제3부 위생과 건강 저자 김미주는 정부의 이념과 정책의 방향에 따라서 복지국가는 의료서비스를 공공화하는 반면 시장경제 중심 국가의 경우 의료서비스의 시장화 경향이 강하게 나타나는 것이 일반적인데 다만 어느 국가라도 경제적 상황이 어려워 재정이 부족해지면 의료서비스 분야에 투자 액수가 줄어들고 건강보험 재정도 불안정해질 가능성이 높다는 사실을 지적하면서 북한 사례를 분석할 필요성을 제시한다. 북한은 중앙집권적인 정치 체제의 특성상 보건의료 정책이 정치지도자의 말 한마디로 전체적인 방향을 바꾸는 일도 자주 발생한다.

그러나 실제 정책의 추진 여부는 전반적인 경제 상황의 어려움으로 충실하게 진행하기 어렵다는 것이 탈북민 의료진의 증언이다. 특히 1946년 이후 "무상치료"라는 명목하에 2025년 오늘에 이르기까지 상당한 시간이 흘렀음에도 불구하고 유독 보건의료 분야에서 변화를 찾기 어려운 상황이라는 사실을 김미주는 지적하고 있다. 여기에 더하여 1990년대 중반 이후 이른바 고난의 행군기를 겪으면서 북한 내부에서는 누구나 별다른 준비를 할 기회도 없이 급격한 사회 변화에 맨몸으로 맞설 수밖에 없었다. 결국 아동기 성장 및 발육 저하, 고령화 진행, 전염성 및 비전염성 질병의 유병률 변화 등 북한주민의 건강권 관련하여 다양한 문제 양상이 발현하게 되었다고 김미주는 주장한다.

이런 상황에서 북한 내부에 거주하는 주민들의 건강권 관련 정보는 파악하는 것조차 힘든 지경이 이어졌다. 북한 특유의 폐쇄적인 성격 때문에 가장 기본적인 건강권 관련 데이터조차 접근을 제한해 왔던 탓이 크다. 그러나 북한 사회가 직면한 난관을 극복하려면 최신 자료를 확보하는 것은 무엇보다 중요한 일이다. 따라서 지금 여건에서 그나마 자료 획득이 가능한 방안을 찾아 북한당국이 발행한 『천리마』 기사를 활용하는 것이 최선의 대안이라고 김미주는 주장한다.

이 연구는 북한의 보건의료 영역 중에서도 위생 관련 문제에 주목하였다. 국가의 위생 및 건강 문제는 국민의 생명과 삶의 질을 결정하는 핵심 요소이며 보건의료 정책은 이를 해결하는 데 필요한 전략과 개입을 포함하게 된다는 점을 감안하여 김일성-김정일-김정은 시대에 따른 북한의 위생 관련 정책 변화를 다루고자 한다고 김미주는 말한다. 이 연구는 문헌 연구(literature review) 방법을 활용하면서 주요 연구 자료는 북한의 대중잡지 『천리마』 지면에 등장하는 보건의료 관련 기사를 수집하였다. 그리고 해당 기사 중에서 "위생" 키워드를 중심으로 정량 및 정성 분석을 시행함으로써 각 시기별 정책의 실질적 추이를 분석하고자 했다. 이와 함께 북한 상황을 면밀하게 파악하기 위해 공식 발표 자료, 국제기구의 보고서, 기존 학술 논문, 북한 내부에서 수집한 보건 관련 데이터 역시 활용하였다고 한다.

김미주는 다음과 같은 절차로 연구를 진행했다고 밝혀 놓았다. 첫째, 김일성-김정일-김정은 시대별로 북한의 보건의료 및 위생 관련 변화를 분석한 뒤 주요 문제와 그 영향을 검토하였다. 둘째, 각 정권별 북한 당국의 보건의료 및 위생 관련 대처 방안의 공통점과 차이점을 분석하였다. 마지막으로 이를 바탕으로 북한 보건 정책의 특징과 문제점을 도출하였다. 특히 김미주는 김일성-김정일-김정은 시기를 『천리마』 권호 기준으로 구분하였다. 이 논눈에서 김일성 시대는 1964년부터 1997년까지 총 32년, 김정일 시대는 1998년부터 2011년까지 총 13년, 김정은 시대는 2012년부터 2019년까지 총 7년으로 구분해 놓았다. 그리고 관련 기사 중에서 제목에 상수도, 하수도, 전염병, 장티푸스, 말라리아, 치과, 세균, 예방, 건강, 식생활, 대기, 공기 등 보건 및 의료 관련 키워드를 포함한 기사를 별도로 분류하여 분석대상 자료로 선정하였다.

1964년부터 2019년 기간 『천리마』에서 해당 키워드를 포함한 보건의료 관련 기사는 총 1,471건으로 나타났다. 이 중 제목에 "위생"이라는 단어를 포함한 기사를 다시 분류함으로써 총 95건의 기사 자료를 확보할 수 있었다. 이렇게 분류해 놓은 자료를 분석해 보니 고난의 행군 전후 기간인 1990년대 초반부터 2000년대 초반에 보건의료 관련 기사가 집중적으로 나타난 반면 위생 관련 기사는 주로 1960년대 후반과 1980년대 시점에 몰려 있는 것으로 밝혀졌다. 아마도 "위생"이라는 보건의료 문제가 정권 수립 초기 주요 이슈라서 해당 시기에 관련 활동이 집중적으로 등장하는 것 같다.

북한의 보건의료 정책은 정치적 통제와 경제적 한계로 인해 김일성, 김정일, 김정은 3대에 걸쳐 지속적으로 북한 주민 스스로 건강 문제에 대처해 왔다는 점을 김미주는 지적한다. 지도자별로 외부 환경과 내부 정책 변화에 따라 관련 정책의 형태를 다르게 하면서도 전반적으로 북한 당국 주도의 통제와 이데올로기 강화라는 목표는 그대로 유지한 것으로 김미주는 파악하였다. 결국 김일성의 대중 동원, 김정일의 위기 대응, 김정은의 기술 현대화는 표면적 차이에 불과하며 체제 생존을 모색하는 전략적 대응으로 해석할 수 있다는 것이었다. 그러나 이 연구는 선전자료 성격이 강한 북한이 공간문헌인 『천리마』 기사를 주요 분석자료로 활용함으로써 정확한 현실 반영을 도모했다고 볼 수 없다고 김미주는 주장한다.

(4) 국제사회 지원과 건강 (임소진)

제4부 국제사회 지원과 건강 저자 임소진은 제2차 세계대전 종전 이후 국제사회가 분단국가인 북한을 대상으로 원조를 공여해 온 역사를 개략적으로 서술해 놓았다. 국제사회의 대북 원조 지원은 소비에트연방이라고 부르던 구(舊) 소련의 유상원조에서 시작했다고 할 수 있다. 그 이후 북한은 소련의 원조에 크게 의존하기 시작했다. 그러나 일정 기간 이후에는 중국 원조에도 의존하는 경향을 보였다.

사실 국제사회는 아직도 대북지원 통계를 제대로 작성하여 발표하지도 않고 오픈 액세스(open access)를 통해 공식적으로 통합한 자료를 내놓지도 않기 때문에 학자들이 발표한 연구 결과물은 물론이고 국가 차원에서 대북지원 통계를 내놓을 때에도 다소 차이가 나타난다는 한계가 있다고 임소진은 지적한다. 통계 수치 간 일부 불일치하거나 해석의 오류가 발생하는 경우는 흔하게 발생한다는 것이다. 그런가 하면 오차를 최소화하기 위해서 원자료 출처를 심층적으로 조사한다고 해도 근본적인 문제를 바로 잡지 못한 채 공개하는 경우도 많다고 했다. 예를 들어 대한민국 통일부의 전신인 국토통일원이 1986년 발표한 북한 경제 통계집에 실린 자료와 1996년 한국개발연구원이 발표한 북한 경제 지표는 모두 이차자료를 정리해 놓은 문헌인데 각 데이터의 원자료를 어떻게 수집했는지 명시해 놓지 않았다는 것이다.

임소진은 이런 현상을 보건 분야를 구체적인 사례로 들어 이 글에서 설명해 놓았다. 1945년 이후 1958년 사이 국제사회는 북한을 대상으로 다양한 형태의 지원을 제공해 온 것으로 알려져 있다. 중국은 북한에 한약을 제공했으며 구소련과 사회주의 동맹국 몇몇 국가는 백신 배포, 보건 분야 정책 자문, 의학 교육, 적십자 병원 건축, 의약품 생산 공장 및 전염병 연구 기관 설립과 같은 다양한 형태로 국제적인 지원이 이어졌다. 이런 지원 가운데 일부는 지식 이전을 비롯한 기술 지원 형태로 제공하였다. 그 가운데 공여국에서 북한으로 의료진을 파견하여 수술 및 치료를 직접 수행하는 사례도 발생했다. 문제는 이런 내용이 공식적인 통계 자료에 반영이 된 상태인지 명확하지 않다는 점이라 하겠다.

국제사회에서 대북지원에 동참한 국가는 러시아와 중국 등 OECD 회원국이 아니라서 OECD DAC 통계보고 체계에 데이터도 제공하지 않는 국가도 있지만 DAC 회원 국가들은 ODA 공여국 보고 시스템을 통해 OECD에 개발원조 및 수출신용과 같은 국가의 공식적인 자금 흐름 내역을 보고하는 국가가 훨씬 많다. 그러다가 북한당국의 핵 실험으로 인한 유엔 대북제재의 시작으로 국제사회의 대북지원 규모가 대폭 줄어들었다.

임소진은 바로 이런 점을 포착하여 구소련/러시아와 중국, 국제기구, 미국, 일본, 한국 이외에도 몇몇 공여국가들, 그리고 NGO로 구분하여 정리해 보았다. 관련 통계와 분석 내용을 통해 알 수 있듯이 국제사회의 대북지원은 제재로 인해 규모 뿐 아니라 지원 형태도 인도적 지원으로 그 범위를 엄격하게 제한해 놓았다. 나아가 코로나 19 사태 이후 북한당국의 국경 폐쇄에 따라 국제사회의 대북지원 규모는 한층 더 줄어들었다는 점을 임소진은 지적한다. 최근에 들어 대북지원 재개 움직임이 나타나는 것은 사실이나 매우 소규모로 간신히 명맥만 유지하는 중이라고 임소진은 평가하였다.

비록 북한의 보건 분야에 대한 지원이 유엔과 북한 정부 간 중요한 부분 가운데 하나라고 주장하지만 인도적 지원에 국한해야 한다는 태생적 한계로 인해 오늘날까지 규모가 늘어나기 어려운 구조를 유지하고 있다. 물론 큰 범주에서 보았을 때 UNICEF WASH 사업처럼 지속적으로 안전한 식수공급와 위생적인 상하수도 시설 지원을 추진하는 경우도 있지만 전반적으로 보건 분야 지원은 매우 미흡한 상황이라고 임소진은 주장한다.

북한 당국이 핵 개발에 집착하는 동안 그 내부의 주민은 생존에 필요한 최소 수준의 자원을 확보하는 일조차도 국제사회의 지원이 없다면 불가능한 상황이 이어지고 있는 상황이라는 사실에 눈길이 머무른 임소진은 향후 대북지원이 재개 시점에 들어섰을 때, 또한 국제사회의 제재 하에서 인도적 차원의 대북지원만 허용이 되는 상황이라고 할 때 공여국이 식량과 보건 분야 지원을 확대하여 북한주민의 생명권과 건강권을 보장하는 환경을 조성해 나갈 방법을 모색해야 한다고 주장한다.

Part II

음식과 건강
: 대중잡지 『천리마』(2010-2019)의 사례

천 경 효

1
들어가며[1]

최근 인권에 대한 전반적인 인식이 높아지면서 인간 생활의 여러 측면을 구성하는 인권의 세부 분야에 관한 관심이 증대되었다. 생명 존중과 비폭력으로 대표되는 근본적인 인간의 권리뿐 아니라 인간의 삶을 구성하는 다양한 조건에 초점을 맞춘 논의들이 늘어나며 특히 사회권에 대한 인식이 높아졌다. 사회권은 개인이 속한 집단의 구조와 상황 속에서 개인이 경험하는 차별과 차이를 직접적으로 드러낸다는 점에서 사회과학에서 논의의 장을 넓혀가고 있다. 건강에 대한 권리, 혹은 건강권에 관한 관심과 연구도 이러한 사회권의 맥락에서 꾸준한 증가세를 보이며 후기

---

[1] 본 장은 CHUN, Kyung Hyo (2024). "The Knowledge and Practice of the Medicinal Effects of Food in North Korea: The Cheollima magazine in focus", *Journal of Peace and Unification*, 14(2)에 수록된 논문의 일부를 국문으로 번역 및 수정하여 작성하였다.

산업사회의 성격을 설명하는데 유용한 관점을 제시하고 있다 (김왕배, 김종우 2012), 특히, 건강과 관련된 지식, 태도, 행동에 관한 연구를 통해 사회적 균열을 감지하고 건강한 사회적 통합을 지향할 수 있다는 점에서 특히 이민자나 이주 집단의 연구에서 중요한 부분으로 자리잡고 있다(Kim and Burke 2013).

북한이탈주민은 남한 내의 여러 이주민 집단 중에서 공통점과 차이성을 동시에 드러내며, 그로 인해 남한 사회 내에서 양가성을 담보한 특정한 사회적 위치를 점하고 있다. 북한이탈주민에 대한 지속적 연구 관심은 두 가지로 생각해볼 수 있다. 첫째로는 일상적, 학문적 접근이 극도로 차단되어 있는 북한사회를 가늠하게 하는 표본으로서의 가치를 지닌다. 물론 남한 내 북한이탈주민은 수치로 보나 구성으로 보나 북한 사회 전체를 효율적으로 대표하기는 어렵다는 한계를 지니고 있기에 단순 양적연구로 접근한다면 제한적인 효용성을 지닌다. 하지만 북한 사회를 직접 경험적으로 연구하는 것이 불가능한 상황에서는 현실적인 대안일 수밖에 없으며, 특히 비교적 북한을 떠나온 지 오래되지 않은 이들의 경우 최근의 경향과 상황을 전달해 주는 통로가 된다는 점에서 단순 양적 접근의 한계를 넘어서는 중요성을 지닌다.

둘째로는 미래에 남북 간에 이동과 교류가 활성화되어 광범위한 생활의 공유가 일어나는 시점을 대비하여 사회통합의 지표와 방안을 모색하고자 할 때 북한이탈주민의 연구가 주는 함의를 생각할 수 있다. 단순히 북한 사회의 경험을 전달하는 것이 아니라, 남과 북 양측 사회를 모두 경험하고 생활환경과 습관에서의 전환과 이행을 겪었기 때문에, 북한이탈주민에 관한 연구는 앞으로 언젠가는 대면하게 될 공존의 시간과 공간을 어떻게 계획하고 꾸려가야 할 것인지에 대한 방향성을 제시해 줄 수 있다.

북한이탈주민의 건강 및 보건에 관한 연구들은 주로 이들이 새롭고 낯선 환경인 남한 사회에서 겪게 되거나 겪을 수 있는 문제점들의 원인을 분석하고 더 나은 방향을 위한 정책적 함의를 진단하고 있다 (문재태 2019, 이기영, 김민경 2017, 최명애 외 2012). 북한이탈주민이 남한 주민보다 건강이나 보건에서 열악한 상황에 있다는 점은 심층면접과 통계지표들을 통해 공통되게 지적되었다.

남한 주민과 북한이탈주민 사이에 보이는 불균형의 원인을 분석하는 연구들에서 유사하게 지적되는 것은 이들이 남한에서 통용되는 보건 지식이나 의학용어, 혹은 남한의 건강관리 및 의료체계에 익숙하지 않기 때문이라는 점이다. 남한에서 사용되는 전문 의학용어뿐 아니라 일상적 건강관련 용어에는 낯선 외래어가 많아서, 사적 의료시스템은 북한의 공공 의료체계와 동떨어져서, 보건지식은 북한의 어려운 상황 때문에 원활히 보급되거나 유통되지 않았기 때문에 결과적으로 북한이탈주민의 건강관리와 인식은 낮은 지표를 보인다는 연구들이 이를 뒷받침한다.

물론 이러한 연구 결과는 개연성과 타당성을 지니고 현실을 파악하며 앞으로 개선될 수 있는 부분을 조명한다는 장점을 지닌다. 하지만 이 부분에서 주목해야 할 점은, 이러한 연구 중 많은 경우가 북한이탈주민들이 남한 사회의 시스템과 지식체계에 익숙해지도록 교육하고 정보를 제공하는 프로그램을 강화하는 방식에 치우쳐 해결책을 제시하고 있다는 점이다. 정보의 제공과 교육프로그램의 강화를 통해 북한이탈주민들의 남한 보건의료체계로의 적응과 이전을 지원하는 정책적 제안은 상당수 제시되고 있으나, 이들이 북한에서 가지고 있던 의료, 건강, 보건 등에 대한 인식과 지식체계 자체의 관심이 연구의 대상이 되는 경우는 상대적으로 드물다.

사실 어떠한 집단의 구성원들이 다른 집단의 지식체계에 새롭게 적응해야 하는 상황이라면, 기존에 그들이 가지고 있던 지식체계는 어떠한 것이었고, 새롭게 습득하게 되는 지식체계와는 어떤 차이를 보이는지 살피는 것이 중요하다. 그러한 기존 지식체계와 인식에 대한 고려없이 새롭게 이주한 사회, 새롭게 편입하게 된 집단의 지식체계의 전달에만 초점을 맞추는 것은 사회문화적인 차원에서의 상호작용의 중요성을 경시할 위험이 있기 때문이다.

또한 북한이탈주민들이 탈북하여 남한에 정착하기까지의 과정에서 겪는 트라우마에 가까운 어려움에 집중하여 그들이 겪게 되는 남한에서의 적응과정을 설명하는 것도 중요하지만, 그 이전

과정에서 축적된, 다시 말해 북한에서 거주할 당시 익숙하게 받아들였던 가치와 지식이 갖는 의미와 영향력을 고려하는 관점도 필요해 보인다.

북한의 주민들이 건강과 의료에 관해 가지고 있는 가치와 지식, 인식도를 직접적으로 알아보는 것이 여의치않은 상황에서, 본 글은 북한의 생활잡지 천리마에 실린 내용들을 참조하여 건강과 의료에 대한 북한 사회의 인식을 살펴보고자 한다. 다른 북한의 정기 간행물들이 대개 그러하듯이 『천리마』는 북한 체제의 공식적인 입장과 정책의 방향을 제시하는 계몽적 성격이 강한 잡지이다. 탑다운 방식으로 공식담론을 전파하고 재생산하는 주요 매체라는 점에서 『천리마』에 실린 내용들이 선동선전의 성격이 농후하다는 점은 부인하기 어렵다. 하지만 공식 담론의 영역에서도 현실의 여러 요인이 경합하여 모습을 드러내는 것을 감지하는 것은 불가능하지 않으며, 특히 일상생활에서의 생활양식, 습관, 태도를 다루는 경우 현실에서 유리된 선언 위주의 담론은 재생산에 상당한 어려움을 겪게 된다는 점을 고려한다면, 『천리마』에 나타난 건강 관련 내용의 경향과 흐름을 파악하는 것이 지니는 함의가 적지 않다고 생각한다.

또한 『천리마』를 통해 공식담론 안에서 음식과 건강의 관계를 진단해보는 것은 현재 북한의 사회문화에 관한 연구가 지나치게 북한이탈주민들의 이야기에만 의존하고 있다는 문제의식과도 연결된다. 전술한 바와 같이, 북한에의 직접적인 접근이 차단된 상황에서 많은 북한 사회문화 관련 연구는 현실적 이유로 북한이탈주민들을 대상으로 하는 인터뷰에 기반하고 있다. 모든 질적연구에서 그렇듯이, 인터뷰를 통한 사회과학적 연구에서는 인터뷰 내용을 연구자가 본인의 분석틀로 해석하고 재구성하는 과정이 필수적이다. 하지만 아쉽게도 적지 않은 북한 관련 연구에서 북한이탈주민들의 발화내용을 열거한 후 이를 종합하여 북한 사회문화상을 그려내는 경우가 있음을 부인하기 어렵다. 트라우마에 가까운 극단적 경험을 겪은 개인의 기억과 발화로 표현되는 사회상에 대한 보다 면밀한 재구성이 필요한 것과 동시에, 공식영역에서 드러나는 지배담론의 인식틀을 살피는 작업이 병행될 때 북한 사회에 대한 다면적인 접근이 가능해 질 것이라는 점에서 본 글의 의의를 찾고자 한다.

북한 사회의 건강 및 보건과 관련해서 직접적인 의학 관련 내용은 전문 의학잡지에서 다루어지고 있으며 이에 대한 선행연구도 존재하기 때문에(김석주 외 2012, 유시은 2019), 본 글에서는 대중잡지를 통해 전문 의학분야가 아니라 일상생활에서 건강이 인식되는 방식과 그를 뒷받침하는 생활지식에 초점을 맞추고자 한다. 보다 구체적으로는 식재료나 음식과 같은 일상생활의 필수적인 요소들이 건강증진과 질병 치료와 연계되어 언급되는 방식을 살펴본다.

2
음식과 신체, 건강 사이의 관계를 이해하는 방식

음식 정보이해력(food literacy)라는 용어는 섭취하고 소비하는 식재료와 음식에 대해 충분한 지식을 가지고 있으며, 이 지식을 활용하여 자신에게 도움이 되는 방향으로 행동할 수 있는 능력을 일컫는다. 식품에 대해 정확한 정보를 습득하는 것이 중요하게 여겨지면서 판매하는 식품의 구성성분, 원산지, 함량, 첨가물, 유통기한, 칼로리 등의 정보를 명확하게 표기하는 것이 법제화된 것도 음식 정보이해력의 중요성이 부상한 맥락과 연결된다. 보건, 위생, 건강 등이 사적 영역이 아니라 공적 영역에서 관리되고 규제되어야 하는 공공재의 일환으로 여겨지면서 음식을 통해 건강을 관리하는 것이 개인 생활의 영역이 아니라 집단의 공공영역으로 들어오게 된 것이다.

위생적인 환경에서 적합한 원료를 가지고 적절하게 가공하거나 유통하는지를 살피는 것이 관리의 주체가 되는 정부가 담당해야 할 영역이라면, 식품 자체의 레이블을 꼼꼼하게 읽거나 관련 지식을 다방면으로 습득하고 연결함으로써 음식이나 식재료가 얼마나 건강에 유익한가 혹은 유해한가를 판단하고 선택하는 것은 소비자인 개인의 권리이자 의무가 된다. 이렇게 본다면 음식정보이해력이 외연상 개인의 능력인 듯 보이지만, 현실에서 개인이 선택하고 활용하는 정보는 역사적으로 축적되고 사회적으로 구성된 지식체계를 반영한다는 점에서 음식과 건강을 이해하는 방식은 그 사회가 가치를 두거나 중요시하는 특정한 관계성을 반영한다.

식품을 선택할 때 그것이 건강에 도움이 되는지, 신체에 유익한 것인지를 판단하는 현재 우리에게 익숙한 기준은 해당 식품이 어떠한 가치를 지니는 구성 요소들로 이루어져 있는가이다. 예를 들어 비타민 A가 얼마나 들어있는지, 전체 당 함유량은 얼마인지, 나트륨은 일일 기준치의 얼마가 포함되어있는지, 총열량은 얼마인지를 살피는 것이 현재 한국을 비롯한 많은 사회에서 생각하는 과학적인 방식의 높은 음식 정보이해력을 보여주는 것이다.

하지만 인류사회가 걸어온 길을 돌아본다면, 언제나 이렇게 과학적인 영양소 혹은 비영양소 분석으로 음식과 건강, 혹은 음식과 신체 사이의 관계를 이해했던 것은 아니다. 서구에서 특히 잘 알려진 "You are what you eat"이라는 문구는 일견 매우 명확한 메시지를 전달하는 것같이 보이지만, 먹는 것(what you eat)이 신체(you)로 연결되는 방식은 단일하지 않다. 현대 사회의 과학적인 지배담론은 식품을 구성요소로 나누어 개별 요소들의 가치를 분석하는 방식을 합리적이고 이성적인 것으로 생각하지만, 역사적으로 볼 때 먹는 것이 건강과 어떻게 연결되는지를 이해하는 태도는 다양하게 나타났다.

현대 이전에 만연했던 지식체계에서는 식품과 건강 사이의 인과관계를 구성요소(constituents)가 아니라 특질(qualities)에서 찾았으며, 그 과정에서 활용된 사고는 분석(analysis)이 아니라 유추(analogy)였다. 예를 들자면, 뜨거운 특질을 지닌 식품을 오랜 기간 먹으면 급하고 흥분하기 쉬운 성격을 갖게 된다는 식의 사고이다. 고대 그리스 철학자이자 생의학자였던 갈렌(Galen)의 이론에 기반한 갈렌 음식이론(Galenic dietetics)는 이러한 특질과 유추에 기반하여 음식이 신체에 미치는 영향을 이해한다. 갈렌 음식이론에서는 뜨겁고, 차갑고, 축축하고, 건조한 네 가지의 성질이 기본이 되는데 이는 단순히 음식 뿐 아니라 인간의 신체 장기와 혈액, 그리고 생활환경에까지 폭넓게 적용된다. 네 가지 특질이 음식, 신체, 환경에서 균형을 이루는 상태가 건강이고, 균형이 깨진 상태가 질병이 된다 (Shapin 2014).

민간 지식이나 동양의학에서 음식과 건강을 연결하는 방식도 이와 유사한 예를 보여준다. 동양의학에서 식품이나 음식은 그것이 가지고 있는 본연의 성질에 의해 이해된다. 음식이나 식재료들은 차가운 성질, 따뜻한 성질, 축축한 성질, 건조한 성질 등을 가지고 있으며 이러한 성질들이 신체의 오장육부가 가지고 있는 성질과 만나면서 건강에 영향을 미친다는 생각이다. 민간 지식의 영역으로 들어가면 단순히 식품 자체에 내포된 성질만이 아니라 외부 환경도 중요한 요인으로 지목되는 것을 볼 수 있다. 어떠한 환경에서 해당 식품이나 식재료가 자라고 만들어졌는지, 그 시기성, 장소성, 형태, 계절성까지도 신체에 영향을 미치는 음식의 가치에 관계된 것으로 이해하는 것이다.

음식을 구성요소로 나누어 각각의 효용성을 분석하는 것이 과학기술의 발전에 따른 합리적이고 이성적인 사고이고, 식품과 신체 사이의 관계를 유추의 방식을 통해 파악하는 것은 비합리적이고 미신적인 사고라고 보는 것은 정당하지 않다. 미셸 푸코와 레비 스트로스를 비롯하여 많은 철학자와 인류학자들이 끊임없이 강조했듯이, 지식체계의 합리성이란 절대적인 것이 아니며, 우리가 주목해야 할 것은 서로 다른 지식체계가 반영하는 사회의 조건, 상황, 그리고 집단심성이기 때문이다. 또한 이른바 과학적-분석적 지식과 전통적-유추적 지식은 진화론의 선상에 존재하는 것이 아니라는 점도 중요하다. 서로 다른 지식체계는 충분히 공존가능하며 이러한 예는 사실 우리 주변에 일상적으로 존재한다. 음식과 건강과의 관계를 논할 때, 고도로 과학과 의학이 발전한 현대 사회에서 식품의 성분 표기를 읽어내는 것이 강조되는 동시에 제철 음식이 갖는 가치에 대한 강조, 즉 건강을 증진하고 나아가 질병을 예방하는 효능을 지닌 것으로 여기는 사고방식 또한 무리없이 병존하는 것이 그 예가 된다.

앞으로 살펴볼 『천리마』에 나타난 북한 사회의 음식과 건강 관계 인식틀 역시 분석적 접근과 유추적 접근을 고루 보여주는데, 이 두 가지 다른 접근방식이 교차하여 나타나는 지점들에 관심을 가진다면 북한 사회의 상황과 조건이 반영되는 양상을 파악하는 데 도움을 줄 수 있을 것이다.

3

『천리마』(2010-2019)에 실린 글들을 통해 본 북한의 음식과 건강에 대한 사고

　본 글은 2010년부터 2019년까지 발간된 『천리마』 120권호를 대상으로 하여 건강이나 의료, 보건 관련 글들에서 음식과 건강 사이의 관계에 대한 인식이 어떻게 반영되어왔는지를 살펴본다. 1959년에 창간된 후 매월 간행되었기에 권호수도 상당하거니와 생활정보 및 교양을 다루는 대중잡지를 표방하는 만큼 다루는 영역이 매우 방대한 관계로 이글에서는 최근 10년 동안의 간행된 호수들로 논의의 폭을 제한하였다. 질병의 발생기전에 대한 설명이나 처방약제를 통한 치료방법 제시, 질병증상에 대한 응급처치 및 의학적 대처 등 전문적인 의학 및 약학의 영역에 속하는 내용은 제외하고 음식이나 식재료 본연의 성질을 건강효능의 차원에서 다루고 있는 내용을 선별한 결과는 글 뒤의 [표 1]과 같다.

1) 『천리마』

『천리마』는 북한에서 월간으로 발행되는 대중잡지로, 천리마 운동을 독려하는 차원에서 1959년에 창간호가 발간되었다. 일반 기사, 상식, 시사해설, 시와 소설, 속담과 수수께끼, 유머와 만화, 역사 강좌와 인물 소개 등 다양한 내용을 아우르는 종합 교양잡지로, 일반 대중잡지가 흔치 않은 북한에서 상당히 인기를 끄는 것으로 알려져 있다.

북한사회에서의 음식과 건강의 관계를 이해하기 위해 『천리마』 구성을 볼 때 눈길을 끄는 것은 "국제과학계 소식", "의사상담실 (초기에는 위생상담실)"과 "의학상식" 등 이른바 과학적 지식에 기반을 둔 정보를 전달하는 꼭지들이 있는 것과 동시에 민간료법, 약초, 가정주부상식 등의 전통적 건강관련 정보들도 활발하게 다루어지고 있다는 점이다. 여기에 건강에 좋은 식품이나 건강에 좋은 식자재의 효능을 다루고 있는 짧은 정보글들까지 포함하면 사실상 전문 의학, 보건 분야보다 일상적인 음식, 식품, 약초 등과 관련된 내용이 건강 관련 지식의 많은 부분을 차지하고 있다는 것을 알 수 있다.

특히 '아시는지요'라는 제목이 붙은 글들은 생리학, 병리학, 약학 등 전문 의학분야와 직접 관련된 "과학적인" 상식 ("아스피린을 먹을 때", "비타민을 먹을 때 갑각류와 함께 먹으면?", "비타민은 식전에 먹지 말아야 한다", "암의 조기 신호", "아플 때 왜 열이 나는가", "셀렌과 심장 및 혈관병")을 제공할 뿐 아니라 민간요법, 약초의 효능, 식품과 관련된 전통 건강지식 등의 비공식적인 정보들("찬물로 코안을 씻으면 감기를 예방", "설사할 때는 마늘을 먹지 말아야 한다", "사람의 건강에 좋은 돼지뼈", "신기한 약 웃음", "무좀치료에 좋은 젖풀," "심장병 치료에 좋은 찔광이", "로화방지에 좋은 마늘 된장국")도 동등하게 다루고 있다는 점에서 매우 흥미롭다.

의약품이 아니라 실제 생활에서 일상적으로 섭취하거나 주변에서 쉽게 얻을 수 있는 식재료를 통해 건강을 증진하고 치료효능을 얻고자 하는 시도는 어느 사회에서나 찾아볼 수 있다. 의학, 약학, 식품영양학 등의 전문 분야가 과학의 영역 안에 자리잡고 발전하게 되면서 일상적인 식재료나 음식과 관계된 민간 지식이나 관습적 전통이 비과학적이고 전근대적인 것으로 여겨지는 경향이 있지만, 이는 지식의 성숙도나 사회의 발전도보다는 우리가 섭취하는 식품과 건강, 음식과 건강효능 간의 관계를 어떻게 인식하느냐에 달려있다고 볼 수 있다. 고도로 과학과 기술이 발전한 후기 산업화 사회에서 과학적 지식이 민간 지식이나 전통보다 우위로 평가받는 풍토가 만연해 있다고는 하나, 이 역시 해당 사회에서 어떤 지식이 축적되고 유통되는지에 초점을 맞추어 살펴볼 일이지 사회발전의 위계로 재단할 사안은 아니다. 사회적 요인뿐 아니라 해당 사회가 처한 경제적 상황, 정치적 조건 역시 음식과 건강 사이의 관계를 이해하고 활용하는 인식틀을 구성하는데 중요한 역할을 미치기 때문에 북한에서의 음식과 건강 사이의 관계성을 이해하는 것은 궁극적으로 북한의 사회경제적 조건과 상황, 집단 사고를 이해하는 것과 연결될 수 있다.

2) 영양가와 치료효능의 강조

『천리마』에 실린 다양한 글 꼭지들 중 특히 음식이나 식재료를 건강과 치료효능의 맥락에서 다루고 있는 사례들을 우선 살펴보았으며, 해당 글들에서 강조되고 있는 음식의 가치를 영양가의 강조와 직접 치료효능의 강조로 나누어 볼 수 있다. 영양가의 강조에서는 앞서 말한 분석적 사고와 유추적 사고가 모두 사용되는 것을 볼 수 있다. 영양가를 강조하는 경우, 해당 식품이 지니는 일반적인(generalized) 가치를 홍보하거나 특정 증상이나 신체 상태에 유용한(targeted) 특수 영양가를 조명한다. 치료효능은 발현된 증상이나 초래된 상황에 직접적이고 뚜렷한 개선을 단기간에 가져온다는 점에서 특정 증상에 유용한 영양가와는 구분된다. 일반/특수 영양가와 치료효능의 가치는 단일식품에서도 혼재되어 강조되는데, 아래의 사례들을 통해 확인할 수 있다.

(1) 일반 영양가 강조의 사례

단백초는 여러해살이 식물로서 뿌리가 굵고 발달되여 있으며 불리한 환경에 대한 견딜성이 강한 남새작물이다. 이 남새작물은 단백질 함량이 높으며 여러 종류의 비타민, 아미노산, 미량원소와 생리활성물질들도 포함되여있어 심장혈관계등의 질병, 면역성 질병과 폐기종, 당뇨병치료에 효과적이다. (2018년 제1호 "생산성과 영양가 높은 〈단백초〉"

우리나라 산과 들에서 나오는 봄나물들은 생신하고 산뜻한 맛과 독특한 향기로 하여 구미를 돋구며 단백질과 비타민, 광물질들이 많이 들어있는 것이 특징이다. (2018년 제5호 "건강에 유익한 봄철나물")

신젖은 우유를 발효시켜 만든 것으로서 새콤달콤하고 입맛이 부드러우며 영양가가 풍부하여 사람들이 즐겨찾는다. 신젖은 독특한 효능을 가진 영양제품으로서 체내의 미생물균형을 조절한다. 신선한 우유와 비교해볼 때 신젖은 우유에 들어있는 모든 영양소를 다 가지고 있으며 발효과정에 우유 속의 젖당과 단백질이 갈락로즈로 분해되어 미세한 우유덩이들로 결합된다. 또한 지방함량도 우유의 2배로서 보다 쉽게 소화흡수된다. (2017년 제6호 "건강상식: 인체건강과 신젖")

(2) 특수 영양가 강조의 사례

머리칼을 보호하는데서 첫 번째로 꼽을 수 있는 것은 다시마이다. 다시마를 정상적으로 먹으면 인체에 필요한 요드원소를 보충할 뿐 아니라 머리칼이 빨리 자라고 광택이 나게 할 수 있다. (2010년 제2호 "아시는지요: 다시마와 머리칼 보호"

남새 중에서 칼시움 함량이 제일 많은 것이 바로 갓이다. 갓에는 비타민 A, B C, D 등이 풍부히 들어있다. 갓 100g에는 294mg의 칼시움이 들어있다. (2014년 제2호 "건강상식: 칼시움이 풍부한 몇가지 식료품")

(3) 직접 치료효능 강조의 사례

두꺼비를 말리워 보드랍게 가루내고 그 가루 100g 정도에 밀가루를 30g정도 섞어서 콩알만 한 크기로 알약을 만들어 간암, 위암, 방광암인 경우 한번에 5-7알씩 하루 3번 먹는다. (중략)뱀딸기를 통째로 채취한 것 40g에 물을 두고 달여서 위암인 경우 그것을 하루분량으로 한두번에 나누어먹는다. 호박꼭지 2개를 태워서 가루내여 유선암인 경우 그것을 한 번량으로 하루 두세번 빈속에 먹는다. (2015년 제4호 "민간료법에 의한 암치료 몇가지)

강냉이 수염 50g, 길짱구씨 10g, 미나리 20g을 물에 달여 하루 3번 식후에 마신다 (중략) 1kg 되는 잉어의 내장을 꺼내고 구운 백반 20g을 넣은 다음 진흙으로 싸서 불에 구워 빈속에 먹는다. (2014년 제6호 "민간료법: 간경변증때)

3) 식품관련 건강정보 구성

『천리마』에서 식품과 관계되여 의학이나 건강 관련 내용을 지속적으로 담고있는 글꼭지로는 "건강상식", "의학상식", "아시는지요", "민간료법", "의사상담실"이 있다. 의료, 보건 관련 정책사안은 "법무해설"이나 "위생선전"에서, 건강에 도움이 되는 운동관련 내용은 "체육상식" 등에서 다루기도 하지만 본 글의 주요 관심 대상인 식품의 섭취와 관계된 내용은 앞서 언급한 다섯 개의 코너를 통해 제공된다. 각각의 코너는 내용과 접근방식에 있어 다소 차이를 보이는데, 세부적으로 살펴보면 다음과 같다.

(1) 건강상식

"건강상식"은 주로 식품이 갖는 특수영양적 가치를 건강의 효과로 소개하고 있다. "감기치료에 좋은 몇가지 식품", "피부와 건강에 좋은 몇가지 식품", "콩의 건강효과", "봄철 몸건강에 좋은 몇가지 식품", "몇가지 남새의 항암작용", "혈전의 형성을 예방하기 위한 천연수단"에서 보이듯 주로 장기간에 걸쳐 섭취할 경우 건강효과를 보일 수 있는 식품들에 대한 정보를 제공하고 있다. 건강상식은 식품 뿐 아니라 운동이나 생활습관에 관한 내용도 포함한다.

> 〈작은 마늘〉로 불리우는 달래는 성질이 따뜻하고 매운 맛을 가지고 있다. 달래에는 단백질과 지방, 비타민, 무기질이 풍부한데, 그중에서도 비타민C가 제일 많다. 비타민C는 몸안에서 호르몬의 분비를 조절하며 피부의 로화를 방지하고 유기체의 저항력을 높엿루 뿐 아니라 빈혈 및 동맥경화예방에도 특별한 효능을 나타낸다. 달래는 비장과 콩팥의 기능을 높여주며 가슴이 답답하고 아플 때, 위병에 걸렸거나 체

했을 때 좋은 작용을 할 뿐 아니라 정력을 왕성하게 해준다. (후략)

- 2013년 제3호 "건강상식: 건강에 특효있는 봄나물"

(2) 의학상식

"의학상식"은 질병에 대한 설명, 과학적 영양소에 대한 백과사전식 설명과 더불어 특정 영양소 부족시 나타나는 신체증상, 그리고 질병 치료정보를 알려준다. "비타민 PP가 부족되면", "몸에 칼시움이 부족할 때 나타나는 증상들", "무릎관절활역막염때 물리치료의 효과", "만성폐색성 폐질병", "출혈을 막기 위한 여러가지 방법" 등의 제목에서 보이듯, 건강상식이 식품, 운동, 생활습관 등 넓은 범위의 일상생활을 포함하는 건강지식을 전파하는데 목적을 두는 것에 비해, 의학상식은 좁은 의미의 의학적 전문지식을 교육하는데 주안점을 둔다. 다루는 내용의 범위가 "건강상식"에 비해 좁기 때문인지 "의학상식" 코너는 전반적으로 건강상식에 비해 낮은 빈도수로 등장한다 ([표 1] 참조).

비타민PP부족증은 비타민PP가 모자라서 나타나는 병이다. 일명 펠라그라라고도 한다. (중략) 페라그라때에는 신경-정신장애증상도 자주 나타난다. 피로감과 어지럼증, 머리아픔이 있으며 기억력이 나빠진다. 다발성신경염, 척수근염, 시력장애증상 등이 나타나며 나중에는 신경쇠약, 히스테리

양증상, 흥분, 망상, 비보 등 정신장애에까지 빠질 수 있다. (중략) 치료로서 비타민PP를 쓰며 이와 함께 비타민B군, 비타민C, 비타민A를 쓸수 있다.

- 2018년 제5호 "의학상식: 비타민 PP가 부족되면"

(3) 아시는지요

"아시는지요"는 생활상식과 관련된 정보제공코너이다. 일상생활과 직접적으로 연결된 행위, 관습, 생각에 도움이 되는 정보들을 간단하게 정리하여 보여주는데, 특히 식품이 갖는 일반적 영양가를 자주 다룬다.

음식이나 식품과 관계된 내용을 보자면 "콩류는 특이한 건강식품", "과일을 몸에 맞게 먹자면", "눈보호에 유익한 음식물," "기억력을 높이는데 제일 좋은 음식", "건강에 좋은 초닭알," "건강에 좋은 강냉이," "어떤 식품에 독이 있는가"에서 볼 수 있듯이 일반상식의 수준에서 식품에 대한 기본지식을 함양하여 생활의 수준을 개선하는 데 목적을 둔다. "아시는지요"는 "건강상식"에 비해 익숙한 내용과 사례를 다루기 때문에 친근하게 다가간다는 장점이 있으나, 일반적으로 반페이지 정도의 분량에 서로 다른 세 가지 내용을 다루기 때문에 글을 통해 전달되는 지식은 기초적이고 제한적인 편이다.

잔물고기와 바다나물류는 **뼈**와 이발(이빨)을 튼튼하게 하고 정신을 안정시킨다. 일부 어린이들에게서 약간한 타격을 받아도 인차 **뼈**가 부러지거나 이식기가 쉽게 생기는 것은 칼시움부족 때문이다. (중략) 부족되는 칼시움을 보충하는데는 잔물고기나 바다나물류가 젱리 좋다. 잔물고기는 고기살, **뼈**, 내장, 대가리까지 통째로 다 먹을 수 있다. 칼시움이 모안에서 충분히 흡수되게 하자면 비타민D가 필요한데 잔물고기의 내장에는 비타민D도 들어있다. 그밖에도 잔물고기나 바다나물류에는 광물질이 많이 포함되여있어 건강에 좋다.
 - 2014년 제11호 "아시는지요: 건강에 좋은 잔물고기와 바다나물"

(4) 민간료법

음식과 건강 사이의 관계를 다루는데 가장 많은 지면을 할애하고 있는 것은 "민간료법"이다. 제목 그대로 민간에서 이루어지는 치료법을 증상과 질병에 따라 설명하는데, 원인과 기전을 설명하는 부분은 의학적 지식을 활용하는 반면 치료방법으로는 "식사료법", "약물치료", "찜질치료" "수기치료" 등의 세부항목에 따라 민간의 방식을 제시한다.

당뇨병은 피속에 당분이 많아지면서 오줌에 당이 섞이여 나가는 병이다. 세계인구의 1%이상이 이 병에 걸려있는 것으로 알려지고 있다. 이 병은 40살이 넘는 도시주민들 속에서 발병률이 높다. 고려약으로 단삼고, 생진고, 육미지황환, 임삼백호탕, 생백산 등을 쓴다.

1. 생지황을 짓찧어 즙을 내어 한번에 한숟가락씩 하루 3번 먹는다. (중략) 6. 조개(또는 굴조개)를 생으로 회쳐서 먹거나 국을 끓여 늘 먹는다. 7. 띠뿌리 신선한 것 100-150g을 물에 달여 하루4-5번에 나누어 먹는다. 8. 소열주머니에 콩을 약간 삶아 넣어서 그늘에 90-100일 동안 매달아놓았다가 한번에 8-10알씩 하루 3번 그대로 씹어먹는다.... (후략)

- 2012년 제3호 "민간료법: 당뇨병때"

이 중 특히 약물치료 부분에서 일상적인 식재료와 약초재를 이용한 다양한 대증요법이 소개되는데, 우리에게 익숙한 식재료(꿀, 생강, 인삼, 마늘, 무 등)나 약재(살구씨, 강황, 울금, 산조인, 오갈피, 감초 등) 도 언급되지만 더 많은 경우에는 낯설게 들리는 말린 나무껍질이나 뿌리(물푸레 나무껍질, 다래나무뿌리, 하늘타리뿌리), 말려서 가루를 낸 벌레류(왕지네, 거머리, 불개미, 쥐며느리), 다른 종류의 동물이나 그 부산물 (두더지, 두꺼비, 살모사, 단고기뼈가루, 조개껍질, 오징어뼈, 말벌집) 등이 등장한다.

(5) 의사상담실

앞서 언급한 5개의 식품관련 건강정보를 전달하는 코너 중 가장 과학적인 의학전문지식을 전달하는 것은 이름에서도 보이듯

"의사상담실"이다. "의사상담실"에서는 음식과 건강 사이의 관계에 대한 분석적 인식과 유추적 인식, 혹은 과학적 정보과 전통 지식이 공식 영역에서 대등하게 다루어진다는 점에서 흥미롭다. 매호에 한 페이지를 할애하여 게재되는 의학상담실은 매회 특정 질병을 주제로 가상의 대화를 통해 "의사"가 "김동무"에게 정보를 알려주는 계몽적 태도를 보인다.

글 서두에 서로 인사를 나눈 후 의사가 김동무에게 "오늘은 무슨 병에 대해 알려고 오셨습니까?"로 시작되며, 김동무가 궁금한 질병을 언급하며 설명을 요청하면 의사가 답하는 방식으로 진행된다. 이때 일상생활에서 쉽게 접할 수 있는 피부염이나 감기같은 증상은 주변에서 본 사례를 들어 질문을 하고, 지주막하출혈이나 부비동염처럼 전문의학용어로 표현되는 질병의 경우 병원에서 진단받는 것으로 언급된다. 대화의 시작인 질문의 구조에서부터 과학적 지식과 전통적 지식 사이의 구분이 명확하게 나타난다고 볼 수 있다. 특정 질병명이 언급되고 나면 대화의 주도권은 의사에게로 넘어가고, 의사는 질병 발생의 원인, 기전, 관련 증상, 의학적 치료방법, 처방약제의 사용법, 예방법 등 전문지식을 상세하게 풀어 놓는다. 흥미로운 것은, 이렇듯 과학적, 분석적 지식에 근거한 전문의학적 접근을 취하고 있지만 말미에는 고려의학이나 민간요법이 언급되는 경우가 많다는 점이다.

발작때에는 즉시 항원을 없애고, 특이적 감각작료법, 완찐료법, 자기 혈액료법 등을 적용합니다. 증상치료에는 기관지 확장약(아드레날린, 에페드린, 레오필린, 아스트마톨, 아미노필린 등), 스테로이드약(프레드니졸론, 히드로코르티존 등), 항생약, 가래삭임약, 항히스타민약, 진정약 등을 씁니다.
고려약으로는 천식환, 마황탕, 정천탕, 마행석감탕, 가미이진탕 등을 쓰며 천식, 대추, 폐유, 격유, 단중, 천돌, 고황, 족삼리혈에 침을 놓거나 부항을 붙입니다. 고려의학적으로 기관지천식은 효천의 범주에 속합니다.

  - 2019년 제3호 "의사상담실: 기관지천식때"

심부전증상이 나타날 때에는 디곡신알약(0.25mg)을 1알씩 하루 2번 먹습니다. 푸로세미드알약(20mg)을 하루 1알씩 같이 먹으르 수도 있습니다. 가슴이 활랑거리며 부정맥이 나타날 때에는 베라파말알약(4mg)이나 인테팔알약(40mg)을 씁니다. 량은 증상에 따라 조절합니다.
고려약으로는 생맥산, 명심단, 구심환, 구감초탕을 씁니다. 민간료법으로는 누리피를 한번에 20-30ml씩 하루 2-3번 끼니뒤에 먹습니다. 찔광이를 80-100g을 가루내어 하루 2번에 나누어 끼니뒤에 먹어도 좋습니다.
은방울꽃, 삼지구엽초 45을 보드랍게 가루내여 한번에 1g씩 하루 3번, 오미자, 맥문동, 인삼(생맥산) 각각 같은 량으로 보드랍게 가루내여 한번에 3-4g씩 하루 3번 끼니뒤에 먹습니다. 뜸치료는 내관, 단종, 족삼려, 인영 등 혈에 팥알크기의 뜸봉으로 뜸을 한번에 7장씩 매일 또는 하루 건너 한번씩 뜹니다.

  - 2015년 제1호 "의사상담실: 심근염때"

위의 글에서 볼 수 있듯이, 백과사전식의 의료 및 약제정보가 제공되는 것과 동시에 고려의학이나 민간요법이 대등한 방식으로 제시되고 있음을 볼 수 있다. 특히 과학적 의학을 대표하는 전문직인 의사의 입을 통해 고려약이나 민간요법이 제시됨으로써 자연스레 과학적 정당성이나 합리성이 확보되는 점은 매우 흥미롭다. 이는 북한사회에서 고려의학이 갖는 중요성을 보여주는 동시에, 의료보건이라는 전문분야에서 양의약학과 동양(고려)의학 및 민간요법이 분리되기보다는 통합되어 나타나고 있음을 반영한다. 전문인력인 의사의 입을 빌어 고려의학과 민간요법이 권위를 가지고 제시되는 방식을 통해, 의료전문분야의 구조나 인력 운용과 같은 시스템적 상황뿐 아니라 인식적 측면의 특성도 가늠해 볼 수 있다. 다시 말해, 신체와 건강사이의 관계를 분석적 시각과 유추적 시각으로 구분하여 이해하기 보다는 통합적으로 인식하는 것을 읽어낼 수 있다.

4
나가며

남북관계의 부침 속에도 북한에 대한 긍정적 관심과 부정적 우려는 계속되고, 지면과 미디어는 북한에 대한 각종 기사와 보도를 꾸준히 다루고 있다. 이에 더해 종종 북한이탈주민들의 입을 빌어 여러 증언과 일화들이 전달되고 하지만, 접촉과 직접 교류가 차단된 현 상황에서 북한의 일상생활을 구성하는 사고방식과 가치체계에 대한 이해는 여전히 매우 제한적인 수준에 머물러 있다고 할 수 있다.

본 글은 북한에서 건강과 보건이라는 공공개념의 가치가 일상에서 소비되는 음식과 식품을 통해 어떻게 실현되는지를 최근 10여 년간 발행된 대중잡지 『천리마』에 실린 글들을 사례로 살펴보았다. 『천리마』의 건강상식, 의학상식, 민간료법, 의사상담실 등의 글 꼭지는 과학적-분석적 지식과 전통적-유추적 지식 사이의 경계를 규정하는 동시에 넘나들기도 하는 모습을 보인다. 고려의학의 전통, 보건 시스템의 구조, 사회경제적 상황 그리고 건강과 음식에 대한 인식틀과 같은 북한 사회의 여러 요인에 영향을 받는 것으로 보인다. 본문에 인용한 몇몇 사례에서도 보이듯, 북한에서 건강과 보건 증진을 위한 전통 혹은 민간의 음식요법과 지식은 때로는 낯설게 보이며, 비과학적이고 비효율적인 행태로 평가절하될 여지도 있어 보인다(최경, 전주람 2020, 682). 하지만 글 서두에서 밝힌 바와 같이, 섭취하는 음식이 신체건강에 비치는 영향을 이해하는 방식은 결코 단일하지 않으며, 항상 과학적-분석적 지식이 전통적-유추적 지식의 우위에 서며 진화론적 방식으로 후자를 대체하는 것도 아니라는 점을 기억할 필요가 있다. 인식틀과 지식체계는 해당 사회가 처한 상황과 조건, 생활습관에 영향을 받으며 재생산되기 때문이다.

북한에서 음식과 건강을 관계짓는 인식틀을 이해하는 것은, 가깝게는 남한 내 북한이탈주민의 건강상태를 증진하는데 도움이 되고 더 나아가서는 남북사이의 교류가 활성화되었을 시기 건강과 보건 인식의 통합에 유용한 실마리를 제공한다는 의미를 지닌다. 본 글은 일견 낯설고 때로는 기이해보이는 북한의 음식-건강 지식과 인식을 단순히 과학전문지식의 부족이나 열악한 생존환경에서 유래하는 것에만 집중해 보는 기존의 시각과는 차이를 두고자 했다. 물론 특히 고난의 행군 시기 이후 북한의 공공의료 시스템이 제대로 역할을 하지 못하게 되면서 민간요법을 통한 자가치료가 대안으로 활용된 측면도 앞선 연구에서 지적된 바 있으나(박상민 2012), 음식과 건강 관계를 보는 인식틀에 초점을 맞춘다면 음식의 질병치료나 건강증진 효과에 대한 생각은 경제적 어려움의 결과로서만 아니라 오랜 기간동안 지속되고 있음을 상기할 필요가 있다(박소임 2014, 박경용 2010, 오정미, 김기덕 2014).

지면과 연구의 폭의 제한으로 다음의 연구로 미루게 되었지만, 북한의 전통, 관습, 생활양식, 국제관계, 정치경제적 상황 등에 대한 심층적인 연구를 통해 북한에서 음식이 갖는 보건의료적 가치의 맥락과 음식-건강 지식체계가 갖는 대안적 의미를 읽어낼 수 있을 것으로 기대한다.

참고문헌

김석주·박영수·이혜원·박상민, 「북한의사들이 바라보는 북한의 정신의학 현황」, 『정신신체의학』 20권 1호, 2012, 32~39쪽.

김왕배·김종우, 「인권으로서의 건강권에 대한 탐색과 전망」, 『보건과 사회과학』 32집, 2012, 1~18쪽.

문재태, 「북한이탈주민의 건강권 보장을 위한 실효성 제고방안」, 『한국의료법학회지』 27권 2호, 2019, 98~111쪽.

박경용, 「생애사적 맥락을 통해 본 전통지식으로서의 민간요법: 단절과 변화, 지속의 메커니즘」, 『역사민속학』 38, 2010, 223~262쪽.

박상민, 「북한의 보건의료체계 현황조사 및 균형적 질평가」, 서울대학교 통일연구소, 2012.

박소임, 「북한이탈주민의 건강과 질병에 대한 문화적 접근」, 북한대학원대학교 석사학위논문, 2014.

오정미·김기덕, 「민간요법의 현대적 존재양상의 일고찰」, 『통일인문학』 57호, 2014, 259~284쪽.

유시은, 「최근 북한 의학 학술지에 게재된 정신건강 연구에 대한 탐색적 고찰」, 『미래사회』 10권 1호, 2019, 29~43쪽.

이기영·김민경, 「북한이탈주민의 건강정보이해능력(health literacy)에 영향을 미치는 요인분석: Gelberg-Amdersem의 행동모형 적용」, 『생명연구』 46집, 2017, 247~295쪽.

최경·전주람, 「북한의 대중생활상식에 나타난 질병대처 및 건강관리와 그 의미」, 『인문사회21』 11권 4호, 2020, 673~685쪽.

최명애·이명선·최정안·신기수, 「북한이탈주민의 건강지식, 건강증진행위 및 건강증진행위에 영향을 주는 요인」, 『대한간호학회지』 42권 5호, 2012, 622~631쪽.

Kim, Angela and Stephen C. Burke., "An Empowerment Approach to the Acculturation of Immigrants: A Commuity Health Project for Bhutanese Refugees"『국제사회복지학』3권 1호, 2013, 59~85쪽.

Shapin, Steven. 2014. "'You are what you eat': historical changes in ideas about food and identity," *Historical Research* 87(237), pp.377~392.

[표 1] 『천리마』(2010-2019)에 포함된 음식과 건강관련 글 목록

발행연도	발행호	구분	글제목
2019	1	건강상식	감기치료에좋은몇가지식품(닭고기국, 귤류, 양파와마늘, 생강, 꿀, 케피르, 붉은포도술)
		민간료법	습진때(싸리나무, 흰닭털, 류황, 송진, 참기름, 돼지기름, 백반을바름)
	3	민간료법	코염때(모란뿌리껍질, 참기름, 무우, 파뿌리, 복숭아나무잎, 꿀, 황경피)
		무엇이든지 물어보세요	여러모로좋은감자가루(영양학적가치, 항염, 강심, 혈압낮춤, 궤양막이, 백혈구재생, 리뇨, 혈당낮춤작용)
	4	건강상식	익모초를리용한피부미용과약물목욕방법
	5	민간료법	눈다래깨때(민들레, 물푸레나무껍질, 대황, 독사꼬리, 길짱구잎)
	6	-	영양가높고맛있는남새작물푸초(장관운동촉진, 설사멎이, 리뇨제,순환기, 비뇨기, 소화기, 생식기, 조혈기에좋은작용/뇌출혈, 동맥겨오하증, 기관지염, 위장염, 신경쇠약에틀효)
		민간료법	골수염때(버드나무, 독미나리뿌리, 달걀, 황경피, 왕지네, 뱀, 호장근)
		-	눈보호에좋은식품들(시금치, 고추, 편도열매, 물고기, 달걀)
	8	민간료법	식중독치료법(식초, 집신나물, 검정콩, 민들레, 생강,갈, 방아풀, 칡등)
	10	민간료법	주사비때(류황, 닭업통, 살구씨, 치자)
	11	건강상식	피부와건강에좋은몇가지식품(포도, 호두, 물고기, 닭알, 밀빵)
		민간료법	감기때(마늘, 파, 칡뿌리, 승마, 배, 마늘, 무우, 생강, 콩, 생파)
		건강상식	건강에도움을주는몇가지알카리성식품(꽃양배추, 참외, 포도, 오이, 근대, 바나나, 레몬, 향꿀풀)
	12	민간료법	동상때(꿀, 콩, 가지, 무우, 식초, 고추, 생강, 곶감)

발행연도	발행호	구분	글제목
2018	1	-	생산성과영양가가높은〈단백초〉
		건강상식	콩의건강효과(영양학적, 강장, 혈압낮춤, 지질대사개선, 비만증예방치료, 당뇨병예방치료, 간보호, 암예방, 로화방지작용)
	3	건강상식	위기능장애때먹어야할식품들(쌀, 감자, 사과, 생강, 귀밀, 물, 바나나, 군빵, 고기국물)
		민간료법	기관지천식때(오리, 율무쌀, 살구씨, 오징어뼈, 송구지, 호박씨)
	4	건강상식	봄철몸건강에좋은몇가지식품(마늘, 귤, 버섯, 홍당무우, 콩, 수수, 도마도
		민간료법	치조농루증(너리증)때(닭알노라자위, 생당쑥, 박하기름, 왕지네, 대황, 승마, 호장근, 송진, 승마)
	5	-	건강에유익한봄철나물
		민간료법	습진때(싸리나무, 송진, 참기름, 소나무꽃가루, 돼지기름, 황경피, 알로에, 감자, 들깨기름)
	6	건강상식	몇가지남새의항암작용(홍당무우, 시금치, 냉이, 강냉이, 아스파라가스)
	7	건강상식	여름철건강에좋은몇가지식품(수박, 알곡류, 오이, 랭차, 요구르트, 랭커피)
	8	민간료법	발작성경련때(매미허물, 박하, 봉나무가지, 콩김)
	9	건강상식	병을예방하거나완치시킬수있는천연항생제들(생강, 마늘, 파, 비타민C, 사과식초, 고추냉이무우, 계피, 물약나무, 올리브잎사귀, 유카리나무)
	10	건강상식	혈전의형성을예방하기위한천연수단(마늘, 올리브기름, 파, 도마도, 아보카도, 키위, 꽃줄기양배추, 물고기, 호두호박씨, 울금, 은행, 들쭉등)
		민간료법	코피가나올때(백모근, 무우, 길짱구, 측백잎)
	11	민간료법	특발성괴저때(단삼, 두릅나무껍질, 붉은팥, 지치, 말벌집, 뱀허물, 왕지네, 감초)
	12	민간료법	부종이왔을때(가물치, 호박, 팥, 길짱구씨, 강냉이수염, 으름덩굴줄기, 띠뿌리)

발행연도	발행호	구분	글제목
2017	1	상식	약용및보양효과가큰푸른인삼
		아시는지요	발효시킨밥의건강효과
	2	아시는지요	콜보다영양가높은콩나물, 건강에좋은현미
	3	건강상식	호흡기, 소화기계통질병치료에좋은길짱구
	4	건강상식	피부로화방지에좋은고핵산식료품(물고기, 콩류, 간, 송이버섯, 시금치)
		민간료법	기침때(살구씨, 오미자, 미가목, 마늘, 사과, 무우엿, 모두부)
	5	-	여드름치료에좋은약제미안방법(금전화, 가시털풀, 닭알)
		민간료법	신경쇠약증때(만년버섯, 오미자, 산조인, 고본, 돼지염통, 왕벌젖)
	6	건강상식	인체건강과신젖(입맛돋움항암작용, 정력보충/소화불량고혈압, 면역력저하개선)
		민간료법	류마치스성관절염때(띠두릅, 닭알, 할미꽃뿌리, 바꽃, 으아리, 왕지네, 불개미술, 오갈피나무, 삼지구엽초, 봉나무가지)
	7	-	영양가와약용가치가높은검정버섯1호(영양학적, 출혈과종창궤양, 혈관경화와고혈압, 치질치료, 자양강장효과, 비만예방, 항암작용)
		건강상식	미꾸라지의영양가치와료리(영양학, 고혈압, 동맥경화, 뇌혈전, 심장병, 간염치료, 해독과리뇨작용, 로화방지, 건강장수효과)
		건강상식	피에유익한식품들(간, 기름진물고기, 귤, 사과, 굳은열매, 메밀꿀, 사탕무우, 석류열매, 아보카드)
		민간료법	더위를먹었을때(오이즙, 록두, 활석, 감초, 복숭아나무잎, 닭개비)
	8	건강상식	양파를리용한몇가지치료방법(코피, 불면증, 달거리아픔, 정력감퇴, 감기, 해독장용, 삭은이, 당뇨병, 발암성물질, 여드름)
	9	건강상식	염증제거에좋은식품들(카레, 생강, 버섯, 콩, 물고기, 남새, 과일, 낟알, 차, 단음식,)

발행연도	발행호	구분	글제목
2017	10	민간료법	타박상때(황경피, 생감자, 곰열, 쇠비름, 민들레, 파, 식초, 밀가루, 닭알)
		건강상식	가을철과겨울철건강에좋은몇가지식품(검은쌀, 검정콩, 참나무버섯, 검은참깨, 검은대추, 검은포도)
		건강상식	면역력을높이는약초들(인삼, 호두나무잎사귀, 삼잎방망이, 띠두릅)
	12	의학상식 의학상담실	뇌혈전예방에좋은식료품(물고기기름, 달맞이꽃씨기름, 띄운콩, 마늘, 양파)
2016	1	민간료법	기관지염때(오미자, 무우즙, 돼지폐, 살구씨, 닭알, 물엿, 돼지비계, 쥐머느리, 두부)
	2	민간료법	어린이여윔증때(왕벌젖, 꿀, 호박씨, 락화생, 호두살, 메추리고기, 뱀장어, 자라, 단고기뼈가루, 참깨, 마)
	3	상식	신경쇠약증때(산조인, 만년버섯, 오미자, 범뼈, 원지, 고본, 돼지염통, 왕벌젖, 박하잎, 솔잎)
		민간료법	맛좋고영양가높은메기
		건강상식	뇌건강에좋은남새(감자, 깨잎, 홍당무우, 꽃줄기양배추, 시금치, 오이, 붉은양배추, 가지, 사자고추)
	4	상식	먹기도좋고건강에좋은띄운콩
		건강상식	봄나물의약효(취, 숙, 사라구, 냉이, 대나무순, 두릅)
	5	건강상식	건강에유익한야생식물몇가지(장미열매, 물냉이, 소나무잎, 부들, 메마늘, 민들레, 도토리, 쐐기풀, 벌꽃)
		민간료법	축농증때(수세미오이줄기, 마타리, 복숭아나무버섯, 이끼, 길짱구)
	6	건강상식	만성피로증후군을가시기위한음식료법
		민간료법	기관지천식때(오리, 율무쌀, 살구씨, 송구지뿌리, 참새기름, 두더지, 오징어뼈, 수수엿, 호박씨)
	7	건강상식	건강에좋은검은색식품몇가지(검은쌀, 검정콩, 참나무버섯, 검은참깨, 검은대추, 검은포도, 오디)

발행연도	발행호	구분	글제목
2016	8	민간료법	호흡곤난때(무우, 배, 파, 흰밀, 오미자, 살구씨, 불로초, 은행씨, 마황, 감초, 도라지)
		건강상식	일사병(열사병)때(메밀가루, 록두깍지, 봉나무가지, 미나리)
	9	민간료법	륵막염때(강냉이수염, 길짱구씨, 민들레, 인동덩굴꽃, 선인장, 호박, 미꾸라지, 꽃다지씨)
	10	민간료법	륵간신경통때(살모사, 왕지네, 잇꽃, 띠두릅, 오갈피)
	11	민간료법	반신마비때(삼지구엽초, 마늘, 봉나무, 거마리, 무우, 천마)
2015	1	상식	붉은대추의약효
		민간료법	습진때(꿀, 알로에, 닭알노란자위, 백선뿌리껍질, 송진, 돼지기름, 감자싹)
		상식	고려의학과건강
		상식	최근고려약발전추세
	2	건강상식	겨울철의콩팥보양(찐양고기, 닭고기)
		민간료법	감기때(총백, 생강)
	4	–	민간료법에의한암치료몇가지(살구씨, 쌀겨, 현꽃잎꼭지, 다래나무뿌리, 가지잎, 하늘타리뿌리, 두꺼비, 뱀딸기, 호박꼭지, 인삼, 두더지, 왕벌젖)
		아시는지요	건강에좋은미꾸라지
	5	민간료법	비타민PP부족증때(줄땅콩, 감초, 다시마, 말리운새우, 락화생, 간유, 오미자, 쌀눈, 검정콩)
		–	간기능을높이는음식료법(냉이, 푸초, 배, 오마자, 호박, 홍당무우, 닭가슴살, 소등심)
	7	민간료법	땀띠때(오이즙, 우엉잎, 곱돌, 록두)
	8	건강상식	건강증진에유익한몇가지남새즙(홍당무우, 향미나리, 오이, 양배추)
		아시는지요	건강에좋은된장국
		민간료법	륵간신경통때(살모사, 왕지네, 잇꽃, 띠두릅, 오갈피)

발행연도	발행호	구분	글제목
2015	9	건강상식	폐를맑게하고독소를배출하는식료품들(배, 흰참나무버섯, 백합, 콩국, 무우)
		민간료법	탈모증때(측백나무, 개암풀열매, 묘, 마늘, 생강, 순비기나무열매, 솔잎)
	11	-	건강에좋은영양식품(감자, 고구마, 정향, 박하, 미꾸라지. 록색잎남새, 사자고추)
		민간료법	축농증때(수세미, 마타리, 복숭아나무버섯, 이끼, 길짱구)
2014	1	건강상식	칼시움이풍부한몇가지식료품(참깨, 새우껍질, 김, 우유, 젖제품, 목이, 갓, 해삼)
	2	건강상식	건강에리로운몇가지식료품(잡곡, 미나리줄기, 능금, 아가위, 레몬껍질, 차잎, 포도껍질, 겨자, 무우,마늘, 양파, 향채, 참중나무)
		아시는지요	뇌출혈예방에좋은루틴(메밀, 귤, 레몬)
	3	민간료법	반신마비때(삼지구엽초, 젖풀, 마늘, 뽕나무, 거마리, 참깨, 은초롱, 쇠무릎풀, 진득찰, 천마)
	4	건강상식	감기때먹지말아야할식품(닭알, 차, 날것, 감, 마늘, 고추, 생강, 오리고기, 양고기, 꿀)
		아시는지요	개미는훌륭한장수보약
	5	-	맛좋고건강에좋은버섯
		아시는지	부종때(미나리, 가물치, 길짱구씨, 강냉이수염, 살구나무잎, 오리수컷, 민들레)
		건강상식	암예방에좋은록황색남새(홍당무우, 호박)
	6	민간료법	간경변증때(강냉이수염, 길짱구씨, 미나리, 수박껍질, 파뿌리, 오리, 가물치, 잉어)
			계절을따르는치료영양음식
	7	건강상식	로화방지에좋은마늘된장국
	10	아시는지요	건강에좋은소금료법
		건강상식	건강에좋은안주와해로운안주몇가지(달고기, 오리고기, 콩나물, 시금치/홍당무우)
	11	민간료법	편도염때(성이버섯, 금은화, 감초, 닭알노란자위, 우웡씨, 감초, 현삼)

발행연도	발행호	구분	글제목
2014		건강상식	청력감퇴를완화시키는식품(김, 새우껍질, 해파리, 참나무버섯, 검은콩, 검은참깨, 고수, 원추리나물, 간, 잡곡, 알류, 해삼, 굴, 풋남새, 락화생, 버섯등)
		건강상식	고구마의건강효능
		아시는지요	건강에좋은잔물고기와바다나물
2013	1	아시는지요	5색식품의효과
	2	민간료법	위및십이지장궤양때(오징어뼈, 감초, 결명씨, 조개껍질, 고수, 느릅나무껍질)
		아시는지요	건강에해를주는식품몇가지(홍당무우, 고등어, 멸치, 마늘, 은행, 락화생, 호두, 잣)
	3	건강상식	건강에특효있는봄나물(달래, 냉이, 두릅, 사라구, 취나물, 쑥)
		아시는지요	비듬을없애려면(소금, 록차, 알로에, 양파)
		민간료법	어린이급성기관지염때(뽕나무뿌리, 오미자, 도라지, 무우, 길짱구)
		민간료법	피부트기때(참깨, 쌀기름, 된장, 역삼, 백금, 잣송진, 들깨기름)
	4	건강상식	건강에좋은민들레
		아시는지요	약효능이높은음식물몇가지(도마도, 참깨, 다시마, 팥, 가지, 부루, 검정콩, 고구마)
	6	건강상식	음료와건강(물, 커피, 록차, 더운쵸콜레트음료, 붉은포도술, 우유)
	7	–	건강에좋은여름철민족음식몇가지(삼계탕, 경계찜, 마늘계, 닭고기밥, 닭곰, 어죽, 섬조개죽)
		민간료법	여드름때(동물성기름, 돼지고기, 고기튀기, 고기떡, 고추, 겨자약화)
	8	–	여름철건강에좋은몇가지음료(록차, 도마도즙, 콩우유, 장미우린물, 감귤즙, 레몬수, 코코아음료)
	9	건강상식	간기능을높이는음식료법(냉이, 부추, 배, 오미자, 호박, 홍당무우, 닭가슴살, 소등심)

발행연도	발행호	구분	글제목
	10	민간료법	간경변증(가물치, 마늘, 잉어, 팥, 강냉이수염, 꿀, 호박, 댑싸리씨)
	11	민간료법	입안염때(붉나무벌레집, 족두리풀, 가지, 황경피나무, 대황, 다시마, 뽕나무누에고치, 향나무)
	12	민간료법	뇌졸중때(사향, 조뱅이, 뽕나무가지, 마늘, 젖풀)
2012	2	민간료법	부종때(강냉이수염, 가물치, 마늘, 수박, 파, 호박, 꿀, 수세미오이, 이스라치씨)
	3	민간료법	당뇨병때(생지황, 칡, 인삼, 하늘타리, 하수오, 조개, 띠, 소열주머니, 까치콩, 가래나무잎, 홍당무우, 동물취장)
		–	건강식료품–스피틀리나
	5	건강상식	콤퓨터사용자들의건강에좋은4가지차(록차, 국화구기자차, 구기자차, 결명자차)
		민간료법	어지럼증때(국화, 천마, 조구등)
	6	건강상식	비타민C의왕– 딸기
		건강상식	만성위염치료에좋은생강
	7	민간료법	결막염때(닭알흰자위, 오징어뼈, 박하뇌, 가물치열, 개열, 들맨드라미씨, 룡담뿌리)
	8	민간료법	머리아픔때(궁궁이, 단국화, 순비기나무열매)
		아시는지요	감기치료에좋은알로에
	9	아시는지요	음식조절과건강
	11	건강상식	건강에좋은식초와초콩
	12	건강상식	유선암예방에좋은식료품들(콩, 양배추, 꽃줄기양배추, 홍당무우, 호박, 고구마, 록차, 젖제품)
		건강상식	뇌건강에좋은몇가지식료품(알곡, 푸른남새잎, 귤, 록차, 닭알, 물열매, 굳은열매, 물고기, 쵸콜레트, 카레)
		아시는지요	함께먹으면좋은콩음식과미역
		아시는지요	늙은이는어떤보양을해야하는가(동과, 수박, 무우, 감, 련뿌리, 자라고기, 오리고기, 련밥, 굴, 다시마, 녹두, 팥, 배)

발행연도	발행호	구분	글제목
2011	1	민간료법	편도염때(송이버섯, 감자, 밀가루, 왕새우, 닭알, 도라지, 감초, 백반)
	3	건강상식	건강에리로운음식배합방법
		건강상식	콤퓨터사용자들의음식물섭취와영양보충
		건강상식	봄나물의약효(쑥, 사라구, 냉이, 달래, 대나무순, 두릅)
		아시는지요	영양식료품을물에풀어마시려면
	4	민간료법	두드러기때(향나무, 생당쑥, 붓나무껍질, 밤나무껍질, 무우)
	5	민간료법	동맥경화증때(메밀쌀, 죽력, 불로초, 감나무잎, 결명씨, 콩, 구기자, 찔광이, 솔잎. 마늘)
	6	건강상식	함께먹지말아야할약과음식
		건강상식	남새보관과건강
		건강상식	고혈압에좋은식품(생감자즙, 식초에절인양파, 락화생초절임, 남새, 과일, 미나리, 메밀묵, 콩, 감자, 대추, 감, 메추리알)
	7	아시는지요	음식물에중독되면
	8	건강상식	무더운여름철건강식품(부추, 전복, 더덕, 검은콩, 닭, 미삼)
		민간료법	설사증때(손잎풀, 가중나무뿌리껍질, 황경피, 식초, 마늘, 물푸레나무껍질, 돼지열물, 검정콩, 송진, 벌풀)
		건강상식	아침식사와여러가지질병
	9	민간료법	산후증때(꽈리뿌리, 토끼, 호박, 꿀, 검정콩, 칡뿌리, 딘너삼, 굴조개껍질, 밀쭉정이가루, 메추리알, 멍가, 방풍, 메돼지열, 천남성, 강황)
	10	민간료법	기관지염때(개미취뿌리. 천문동, 백부, 살구씨, 마황, 감초, 물엿, 들깨기름, 생강, 돼지고기)
		건강상식	유선암예방에좋은식품몇가지(콩류, 가두배추, 꽃가두배추, 록차, 젖제품)
		아시는지요	어떤식표품에독이있는가(잘마르지않은물고기, 눈알이붉어진생선, 보가지알, 피, 서리맞은오이, 씨가2개이상있는복숭아와살구, 흰새고기)

발행연도	발행호	구분	글제목
	11	민간료법	골절때(게, 속단)
	12	민간료법	어깨아픔때(버드나무가지, 범뼈, 강호리)
		건강상식	만성기관지염에좋은치료식사몇가지(돼지폐, 무우, 돼지염통, 곶감, 대추, 호박)
2010	1	아시는지요	음식색갈과건강
		민간료법	보두라지증때(황경피, 꿀, 마늘, 참기름, 민들레)
	2	민간료법	건초염때(후추, 고추, 겨자, 찬과실먹지말것)
		건강상식	암과폐질병예방효과를나타내는콩
	3	건강상식	피속의지방을없애는데좋은식료품(버섯, 고사리, 도라지, 고구마, 미역, 가지, 감귤, 잔등이푸른물고기)
	4	건강상식	협심증치료에좋은몇가지방법(겨우살이, 불로초, 단삼, 은행나무잎, 칡뿌리, 금은화, 궁궁이, 인삼, 익모초)
		아시는지요	차물로밥을지어먹으면(심장혈관병방지, 장고나전염병예방, 암을예방치료)
	5	건강상식	건강에좋은강냉이
		아시는지요	건강에좋은초닭알
	6	–	우리나라약용식물의효능
		–	인삼의가공특징과약료리
		민간료법	이쏘기때(족두리풀뿌리, 불개미, 무우, 쑥, 파뿌리, 농쟁이, 말벌집, 싸리)
	7	건강상식	멀미예방법(솔잎, 식초, 마른귤껍질)
	8	아시는지요	뇌졸중과암을막는가지
		아시는지요	기억력을높이는데제일좋은음식(물고기, 고기, 콩, 동물간, 알)
	9	아시는지요	눈보호에유익한음식물(짐승의간, 홍당무우, 고구마, 해바라기, 도마도, 바다나물, 효모, 닭알, 딸기감, 귤, 생선, 치즈)
		아시는지요	인후병에좋은선인장
		민간료법	위경련때(닭알껍질, 거번, 삽주뿌리, 족두리풀뿌리, 생당쑥, 아편꽃열매깍지)

발행연도	발행호	구분	글제목
2010	10	건강상식	사람의체질에따르는건강식료품섭취방법
		민간료법	장불통증때(콩기름, 파흰밑생강. 꿀. 무우)
	11	아시는지요	과일을몸에맞게먹자면
		아시는지요	얼굴피부염증에특효인알로에
		민간료법	회충증때(산토닌쑥, 호박씨, 마늘, 너삼, 벼짚, 감자즙, 콩꼬투리)
		건강상식	건강콩물몇가지
	12	민간료법	동맥경화증(마늘, 찔광이, 메밀, 감나무잎, 콩, 다시마, 검정콩, 부채마, 구기자뿌리껍질, 양파)
		아시는지요	많이먹지말아야할식료품몇가지(해바라기씨, 돼지간, 꼬치양고기구이, 불고기, 밀가루기름튀기)
		아시는지요	양파와미역을섞어끓인국을먹으면(유선암증식억제예방, 당뇨병, 고혈압, 무좀, 비만개선, 변비치료, 탈모와랭증개선)
		아시는지요	콩류는특이한건강식품

Part III

위생과 건강

김 미 주

1
서론

한 국가의 보건의료 정책은 해당 국가의 이념 및 정책 방향과 같은 정치적 요인, 국가 재정 규모 및 보건 예산 비중과 같은 경제적 요인, 고령화 및 도시화와 같은 사회적 요인과 밀접한 관련이 있다. 정부의 이념과 정책의 방향에 따라 복지국가의 경우 의료서비스를 공공화 하는 성격이 강한 반면(박정원 외 2016; 김태경 2023), 시장경제 중심 국가의 경우 의료 서비스를 민영화 하는 경향이 강하게 나타난다(김태근 2017). 개별 국가의 경제적 상황 역시 의료 정책 추진에 있어 중요한 역할을 하는데 해당 국가의 재정이 부족한 경우 의료 서비스에 대한 투자가 어려워지고, 건강보험 재정도 불안정해질 가능성이 높다. 반대로 경제력이 충분한 국가는 의료 분야 연구개발 및 보건 서비스에 더 많은 자원을 투입할 수 있다. 사회적 요인 역시 중요하다. 인구 고령화, 도시화, 소득 불평등과 같은 요소 역시 보건의료 정책의 방향을 결정하는 중요한 사회적 요인이다(김진구 2008). 2025년 현재 한국의 경우 고령화 진행에 따라 노인 의료 지원이 강화되고 있다. 소득 격차가 큰 사회의 경우 저소득층의 의료 접근성을 보장하는 정책을 강화하기도 한다.

북한의 경우 중앙집권적인 정치 체제의 특성상 보건의료 정책은 지도자의 말 한마디로 결정될 만큼 신속하게 이뤄지기도 한다. 그러나 실제 정책의 추진 여부는 북한의 경제적 상황으로 인해 충실하게 진행된다 판단하기 어려운 경우가 빈번하다. 특히, 1946년 이후 "무상치료"라는 명목하에 상당한 시간이 흘렀으나 보건의료 정책에 있어 변화를 발견하기 어려운 것도 현실이다. 북한 역시 시대의 흐름에 따라 사회 변화를 경험하고 있다는 점을 감안하면 1946년 이후 보건의료 정책에 변화가 없다는 점은 이상하다 할 수 있다.

북한은 1990년대 고난의 행군 이후 급격한 사회 변화에 따른 성장 및 발육 저하, 고령화 진행, 전염성 및 비전염성 질병의 유병률 변화 등 북한주민 건강 관련 문제도 다양한 양상을 보이고 있다(Jung Jae Lee et al., 2022). 다수의 경우 위와 같은 건강 정보는 해당 국가의 보건 관련 기관 등을 통해 쉽게 접근할 수 있다. 그러나 북한의 경우 폐쇄적인 성격으로 인해 가장 기본적인 건강 관련 데이터에 대한 접근이 상당히 제한되어 있다. 북한 사회가 직면하고 있는 현상을 분석하기 위해서는 북한의 공간문헌을 활용하는 것이 지금 상황에서는 가장 최선이라 할 수 있다.

이 연구에서는 북한의 보건의료 관련 문제 중에서도 위생과 관련한 문제에 주목하고자 한다. 국가의 위생과 건강 문제는 국민의 생명과 삶의 질을 결정하는 핵심 요소이며, 보건의료 정책은 이를 해결하기 위한 정부의 전략과 개입을 포함하고 있기 때문이다. 더불어 한 국가의 위생과 건강 문제는 해당 국가의 보건의료 정책과 긴밀하게 연결되어 있으며, 보건의료 정책의 방향과 실행은 위에서 언급한 것과 같이 정치적, 경제적, 사회적 요인에 상당한 영향을 받는다. 그러나 경제적 요인을 파악할 수 있는 북한의 예산이나 사회적 요인을 파악할 수 있는 북한 내부 인구 변화, 소득 변화 등의 정보는 매우 제한적이며, 한정적이다. 따라서 이 연구에서는 정치적 요인에 주목하여 김일성, 김정일, 김정은 시대에 따른 북한의 위생 관련 정책 변화를 주로 다루고자 한다. 김일성 집권 이후 김정일, 김정은 정권에 이르는 시기 동안 북한 내에서 발생한 보건의료 및 위생 관련 문제를 분석함으로써 북한 당국이 북한 주민의 생명과 삶의 질의 보장하기 위해 어떤 방식으로 대처해왔는지를 파악하고자 한다.

2
연구 방법 및 분석 대상 자료 특징

1) 연구 방법

이 연구는 북한의 위생 정책 변화를 분석하기 위해 문헌 연구(literature review) 방법을 사용하였다. 주요 연구 자료는 북한의 대중잡지인 『천리마』이다. 『천리마』에 등장하는 보건의료 관련 기사를 1차 분류한 다음, 해당 기사 중 "위생" 키워드를 중심으로 정량 및 정성 분석함으로써 각 시기별 정책의 실질적 추이를 분석하고자 했다. 이와 함께 북한의 상황을 보다 면밀하게 파악하기 위해 북한 당국의 공식 발표 자료, 국제기구의 보고서, 기존 학술 논문, 그리고 북한 내부에서 수집된 보건 관련 데이터 역시 활용하고자 한다.

연구는 다음과 같은 절차로 진행하였다. 첫째, 김일성, 김정일, 김정은 시대별로 북한의 보건의료 및 위생 관련 변화를 분석하고, 주요 문제와 그 영향을 검토하였다. 둘째, 각 정권별 북한 당국의 보건의료 및 위생 관련 대처의 공통점과 차이점을 분석하고자 한다. 마지막으로 이를 바탕으로 북한 보건 정책의 특징과 문제점을 도출하였다.

2) 분석 대상 자료 소개

『천리마』는 북한 당국이 발행하는 대표적인 대중교양 종합잡지이며 김일성의 지시로 1959년 1월부터 발행하여 2025년 현재 월간으로 발행하고 있다. 북한에서 종합잡지는 정치, 경제, 문화 등의 다양한 분야를 다루고 있으며 『천리마』 역시 일반상식, 시사해설, 보건위생, 가정 상식 등과 같이 다양한 주제를 다루고 있다. 북한 백과전서는 잡지에 대해 아래와 같이 규정하고 있다.

> 우리나라 잡지들은 위대한 수령님의 혁명사상의 주체사상과 당의 방침들을 체계적으로 해설, 선전하고 사회주의 혁명과 건설에서 이룩된 경험들을 소개 일반화하며 근로자들의 정치 이론수준과 기술 실무수준, 일반상식과 문화적 소양을 높이는데 필요한 다양한 자료들을 편집함으로써 온 사회의 주체사상 강화를 다그치기 위한 사상, 기술, 문화의 3대혁명 수행에 적극 이바지하고 있다.

『천리마』 역시 위에서 규정하고 있는 것과 같이 북한 당국의 입장을 대변하고 있는 만큼 프로파간다적 성격이 강하다 할 수 있다. 그러나 북한의 공식 담론의 특성상 현실의 여러 변화를 전혀 반영하지 않는 것은 아니다. 특히, 국가가 해결할 수 없는 문제를 주민에 대한 선전선동으로 해결하고자 하는 북한 당국의 특성을 고려하면 당국의 의지를 전달하는 통로인『천리마』를 통해 당시의 문제와 북한 당국의 해법을 확인할 수 있다. 따라서『천리마』에 나타난 보건의료 및 위생 관련 기사는 북한 당국의 정책의 방향 및 당시의 문제점을 노정하고 있다는 점에서 분석 대상으로서의 가치가 상당하다 할 수 있다.

3) 분석 대상 자료 연도별·주제별 추이

북한은 정권 수립 이후 보건의료 분야에서 다양한 문제에 직면했으며, 각 시기별 대응 방식에는 차이가 나타난다. 따라서 이 연구는 김일성, 김정일, 김정은 시기 상황을 담기 위해 국내에서 수집할 수 있는『천리마』1964년부터 2019년까지의 자료를 분석 대상으로 하였다. 이를 바탕으로 북한의 위생 정책을 살펴보고 각 시기별 특징과 정책적 변화를 검토하는 것을 목표로 한다.

이 논문은 김일성, 김정일, 김정은 시기를 각각 공식적으로 집권한 시기 및 한국에서 확보할 수 있는『천리마』권호를 기준으로 구분하였다. 따라서 이 논문에서 다루는 김일성 시대는 1964년부터 1997년까지 총 32년, 김정일 시대는 1998년부터 2011년까지 총 13년, 김정은 시대는 2012년부터 2019년까지 총 7년이다.

(1) 연도별 위생 기사 추이

이 글은 『천리마』 기사 중 제목에 상수도, 하수도, 전염병, 장티푸스, 말라리아, 치과, 세균, 예방, 건강, 식생활, 대기, 공기 등 보건 및 의료 관련 키워드를 포함한 기사를 보건의료 관련 기사로 분류하였다. 1964년부터 2019년까지 『천리마』에서 해당 키워드를 포함한 보건의료 관련 기사는 총 1,471건으로 나타났다. 이 중 제목에 "위생"이라는 단어를 포함하고 있는 기사를 다시 분류하였고, 그 결과 총 95건의 기사를 확보할 수 있었다. 각 연도별 보건의료 기사 및 위생 관련 기사 분포는 [그림 1]과 같다.

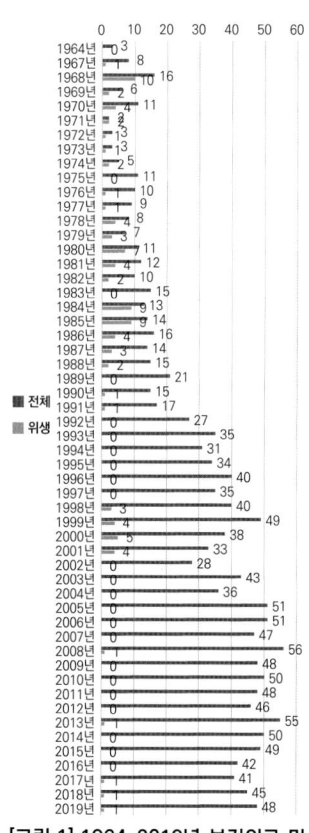

[그림 1] 1964~2019년 보건의료 및 위생 관련 기사 분포

Ⅲ 위생과 건강 **85**

위에서 구분한 김일성, 김정일, 김정은 시기별 전체 보건의료 기사 및 위생 기사 수는 다음 [표 1]과 같다.

[표 1] 각 시기별 보건의료 기사 및 위생 기사 수

시기	전체 보건의료 기사 수	연평균 기사 수	위생 기사 수	연평균 기사 수
김일성 시기(32년)	477건	14.9건	74건	2.3건
김정일 시기(13년)	618건	47.5건	17건	1.3건
김정은 시기(7년)	376건	53.7건	4건	0.6건

김일성, 김정일, 김정은 시기 전체 보건의료 기사 수는 각 477건, 618건, 376건으로 김정일 시기가 가장 높게 나타난다. 그러나 각 지도자별 집권 시기가 다르다는 점을 고려하여 연평균 기사 수를 확인하면 김정은 시기가 53.7건으로 가장 높게 나타난다. 위생 기사 수는 김일성 시기 74건, 김정일 시기 17건, 김정은 시기 4건으로 연평균 기사 수를 고려하더라도 김일성 시기가 가장 높게 나타난다.

김일성 시기는 연평균 기사 수는 가장 낮게 나타나지만 위생 관련 연평균 기사 수는 가장 높게 나타난다. 각 시기별 전체 보건의료 기사 수 대비 위생 기사 수 비율은 [그림 2]와 같다.

[그림 2] 보건의료 기사 대비 위생 기사 비율

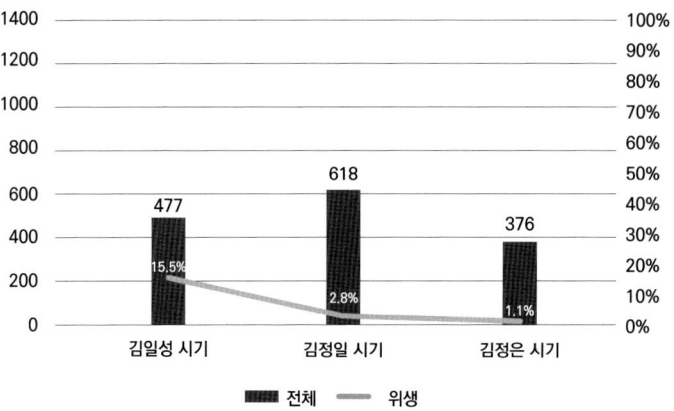

보건의료 관련 기사 수는 당시 북한 사회가 직면한 보건의료 관련 문제와 밀접한 관련이 있다. [그림 1]에서 나타난 것처럼 고난의 행군 전후 기간인 1990년대 초반부터 2000년대 초반에 보건의료 관련 기사가 집중된 사실이 이를 뒷받침하고 있다. 반면, 위생 관련 기사는 주로 1960년대 후반과 1980년대 중반에 집중해서 나타났다. 이는 "위생"이라는 보건의료 문제가 정권 수립 초기 주요 이슈라는 점을 의미한다. 예방의학을 목표로 하는 북한 당국의 보건의료 정책 특성상 정권 수립 초기에 관련 활동이 집중된 것으로 예상할 수 있다. 3, 4, 5장에서 이러한 특성이 나타나는 이유에 대해 보다 면밀하게 살펴보고자 한다.

(2) 주제별 빈도 분석

『천리마』에서 다루고 있는 보건의료 기사의 주제별 분석을 위해 북한 위생 정책 및 보건의료 관련 국내외 연구 자료를 참고하여 다음 일곱 가지 주제로 분류하였다.: ① 민간요법, ② 예방의학, ③ 위생시설, ④ 건강관리, ⑤ 국제협력, ⑥ 법률해석, ⑦ 기타

"민간요법"으로 분류한 기사는 주로 전통의학, 약초치료, 민간요법 등의 내용을 포함하고 있다. "예방의학"의 경우 감염병 예방, 예방접종, 방역 등의 내용을 포함한 기사를 분류하였다. "위생시설"은 상하수도, 화장실, 환경위생 인프라에 대한 내용을 다루는 기사들이다. "건강관리"는 생활습관, 영양 및 질병에 대한 정보를 다루는 기사를, "국제협력"은 국제기구, NGO, 남북 및 대외협력을 다루는 기사들이 주로 포함되었다. "법률해설"의 경우 보건법령, 정책해설, 제도해설 등이, "기타"에는 위 여섯 가지 주제에 해당하지 않는 일반 기사 및 기타 보건 관련 내용을 분류하였다. 전체 주제 중 "기타"에 해당하는 기사는 보통 질병 그 자체에 대한 소개 등이 대부분이기 때문에 이 글에서 다루고자 하는 북한의 각 시기별 보건의료 및 위생 정책 변화를 다루기에 부적절하다. 따라서 이 글에서는 "기타" 영역에 해당하는 기사는 제외하고 분석을 진행하였음을 밝혀둔다.

한 기사가 여러 주제를 포함하더라도, 중복 집계하지 않고 단일 주제로만 분류함으로써 전체 기사 수와 주제별 합계가 일치하

도록 하였다. 예를 들어, 한 기사가 민간요법과 건강관리를 모두 다루고 있더라도 기사 제목, 본문, 맥락을 검토하여 주요 논지나 목적에 따라 하나의 주제로만 분류하였다. 각 시기에 따른 주제별 기사 수는 다음 [표 2]와 같이 나타났다.

[표 2] 각 시기 주제별 기사 수 (단위: 건)

분류	김일성 시기	김정일 시기	김정은 시기
민간요법	120 (25.2%)	40 (6.5%)	10 (2.7%)
예방의학	80 (16.8%)	25 (4%)	5 (1.3%)
위생시설	60 (12.6%)	30 (4.9%)	8 (2.1%)
건강관리	40 (8.4%)	100 (16.2%)	110 (29.3%)
국제협력	12 (2.5%)	8 (1.3%)	2 (0.5%)
법률해석	5 (1%)	4 (0.6%)	6 (1.6%)
기타	160 (33.5%)	411 (66.5%)	235 (62.5%)
총합	477	618	376

각 시기 주제별 기사 수 분류 결과 김일성 시기의 경우 민간요법 분야 기사가 가장 높은 비중을 차지하고 있다. 그 다음 순서로 예방의학에 대한 기사가 차지하는 등 전통적, 계몽적 주제가 상대적으로 많았다. 김정일 시기는 건강관리 기사가 100건으로 가장 높은 비중을 차지하고 있다. 기사 내용을 살펴보면 2000년대 초 UNICEF 등 국제기구 보고서에 반영된 보건 인프라 관련 내용

이 증가하였다. 반면, 김일성 시기 가장 높은 비중으로 나타나던 민간요법 관련 기사가 이 시기에는 가장 많이 감소한 것으로 나타났다. 김정은 시기 역시 김정일 시기처럼 건강관리 기사가 가장 많이 등장하였으며 민간요법, 예방의학, 위생시설 등 관련 기사 모두가 감소한 추세를 보였다. 김정일 시기의 경우 경제난으로 인해 "솔잎이 왜 건강장수의 좋은 약이라고 하는가"[1], "배추로 여러 가지 병을 치료"[2] 등 대안적 방식으로 건강관리 방법에 대한 기사의 비중이 높다. 반면, 김정은 시기도 건강관리 기사 비중이 가장 높지만 내용적인 측면에서 차이를 보인다. "지카바이러스감염증과 그 예방대책"[3], "공중위생법의 요구를 철저히 지켜 인민들의 건강을 적극 보호하자"[4] 등의 기사가 등장하면서 보건의료 관련 제도적 접근이 증가한 것으로 판단된다. 주제별 분석을 통해 각 시기별 특징을 살펴본 결과 북한의 보건의료 정책이 전통적 민간요법 중심에서 점차 건강상식, 제도적 접근 등 현대적, 실용적 주제로 이동했다는 것을 알 수 있다.

---

1   천리마, 『솔잎이 왜 건강장수의 좋은 약이라고 하는가』 1호, 1998, 74쪽.
2   천리마, 『배추로 여러 가지 병을 치료』 5호, 2000, 72쪽.
3   천리마, 『지카바이러스 감염증과 그 예방대책』 5호, 2016, 87쪽.
4   천리마, 『공중위생법의 요구를 철저히 지켜 인민들의 건강을 적극 보호하자』 1호, 2018, 40쪽.

3

김일성 시기
: 사회주의적 보건의료 시스템 구축과 민간요법 중심 위생 정책

　김일성 시기의 보건의료 정책은 전면적인 무상치료 제도 도입과 공공의료 체계 구축을 중심으로 이루어졌다(민기채 2014, 김진혁 2022). 김일성 시기는 북한이 "사회주의 국가"라는 정체성을 형성하고 정책을 수립하는 시기로, 이 시기 보건의료의 기반은 주체사상, 무상치료, 고려의학의 체계화로 규정할 수 있다.

　주체사상을 확립하는 과정에서 보건의료 분야도 '사회주의 인간 개조'라는 구호 하에 위생 역시 혁명적 과제 중 하나로 규정하고 있다. 무상치료 역시 이 시기 중요한 이념적·제도적 전환이라 할 수 있다. 무상치료는 사회주의 체제의 우월성을 보여주기 위한 북한 당국의 주요 제도 중 하나로 북한의 경제가 붕괴하기 전까지는 주민들의 사상을 강화하기 위한 수단으로서도 기능하였다. 이와 함께 고려의학 역시 북한의 초기 보건의료 정책 형성에 있어 중요한 이념적 기반을 제공하고 있다. 주체사상을 완성하기 위한 과정에서 무상치료라는 수단 활용이 필수적인 반면, 무상치료는 예산과 상당한 자원을 필요로 하는 정책이었다. 북한 당국은 정권 수립 초기 부족한 예산 및 자원배분을 극복하고 무상치료 체계를 구축하기 위해 민간요법을 의학적 차원으로 체계화하고자 하는 시도를 하였다.

김일성 시기의 보건의료 정책의 성격을 규정하는 제도적 장치는 1966년 김일성의 "사회주의 의학은 예방의학이다" 선언에서부터 시작되었다. 이 발표 이후 북한 당국은 위생방역체계를 정비하고, 각 지역 단위마다 위생지도원을 상주시키는 등 지금까지 여전히 북한 보건의료 정책에서 유효한 예방의학 체계를 구축하기 시작하였다.

이렇듯 김일성 시기는 북한 정권을 수립한 초기로 "사회주의 북한"이라는 정체성을 구축해야 하는 과업을 진행하는 과정에서 이전 세상과는 전혀 다른 보건의료 체계를 북한 주민을 향해 전달해야 했다. 그럼에도 불구하고 이 시기 보건의료 관련 총 기사 수는 전체 시기와 비교하여 밀도가 낮게 나타난다. 구체적인 분포를 파악하기 위해 연도별 기사 분포 현황을 살펴보고자 한다. 김일성 시기 보건의료 및 위생 기사 분포는 [그림 3]과 같다.

[그림 3] 김일성 시기 보건의료 기사 vs. 위생 기사

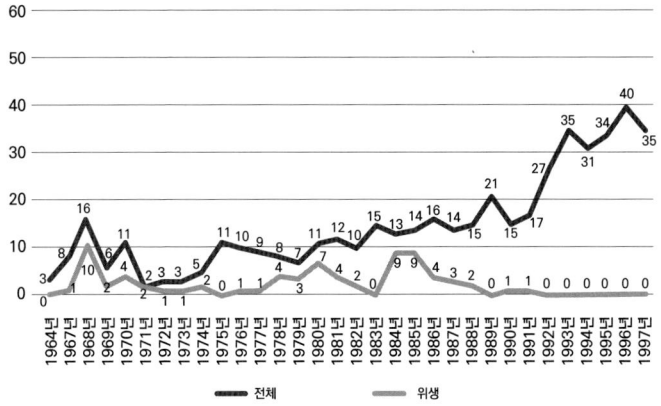

　김일성 시기를 전체 기사 수 및 위생 기사 수 분포를 기준으로 크게 두 시기로 구분하고자 한다. 이에 따라 첫 번째 시기는 1964년부터 1988년까지, 두 번째 시기는 1989년부터 1997년까지로 구분하였다. 첫 번째 시기 분포적 특성은 전체 보건의료 기사 수와 위생 관련 기사 수 증감이 유사하다는 점이다. 즉, 보건의료 기사 중 위생 관련 기사가 다수를 차지하고 있다는 것이다. 두 번째 시기 분포적 특성은 전체 보건의료 기사 수와 위생 관련 기사 수의 증감이 반비례 관계에 있다는 점이다. 전체 보건의료 관련 기사는 1990년대 들어 증가하는 추세를 보인다. 그러나 위생 관련 기사는 오히려 1990년대에 접어들면서 전혀 나타나지 않거나 연간 1건 정도의 빈도로 나타난다.

첫 번째 시기의 경우 북한 정권 수립 초기로 상수도, 하수도, 화장실 등 위생 관련 시설과 결막염, 일본뇌염 등 전염성 질병 예방과 같이 북한 주민에게 위생 및 건강에 대한 기초적인 개념과 관리 방법을 전달하는 문제에 집중하는 것으로 나타났다. 두 번째 시기는 이미 북한 주민 상당수가 북한의 보통교육을 받은 상황으로 기초적인 위생에 대한 교육보다는 과거 조선시대와 비교하여 북한의 보건의료 정책이 왜 우월한지를 강조하거나 고난의 행군 시기 보건의료시설 및 의약품 부족을 극복하기 위한 민간요법을 강조하는 내용이 집중적으로 등장하였다.

1) 사회주의적 의료체계 구축

김일성 시기 북한 보건의료 정책은 무상치료 제도의 기틀을 마련하였다는 점에 주목해야 한다. 1950년대부터 북한은 중앙집권적인 의료 체계를 구축하고 병원과 진료소를 전국적으로 확충하는데 주력했다. 조선시대를 벗어나 "새로운 세상"인 북한을 수립하는 과정에서 가장 과거와 다른 점을 보여주는 곳이 보건의료 시설과 학교였다. 자본주의 사회인 한국과의 비교도 무상치료를 제공하는 북한 보건의료 체계의 우월성을 강조하기 위한 수단으로 활용되기도 하였다. 이러한 상황은 『천리마』 1968년 5호 "보건 아닌〈보건〉" 기사에[5] 잘 나타난다.

---

5 천리마, 『보건아닌〈보건〉』 5호, 1968, 86~88쪽.

> 서울시 룡산구역 한남동에 사는 박인철로인은 살림이 가난하여 입에 풀칠 조차 하기 어려웠다. 끼니를 건너는 때가 빈번한 그는 병이 나도 치료비가 없어서 병원문에도 가지 못하였다. 그런데 어느날 부모 없이 자라는 여섯 살난 손자 정식이가 갑자기 배를 그러안고 뱅뱅 돌아가고 있었다. ...(중략)... 사람도 아닌 화려한 옷을 입은 개 한 마리가 누워서 약을 먹고있는 것이였다. 다음순간 박로인은 하루의 치료비도 못가지고 온 자신을 돌이켜보며 개도 약을 먹여 치료하는데 귀중한 인간생명이야 구원하여주지 않겠는가 하는 한가닥 희망을 품었다. 그러나 박로인의 이러한 생각은 물거품처럼 사라졌다. 병원의사는 배를 그러안고 돌아가는 환자를 진찰하기 앞서 박로인의 호주머니부터 진단하는것이였다.[6]

해당 기사에는 한국을 "암흑의 땅"이라고 표현하고 있으며, 병원을 "생명을 삼키는" 곳으로 묘사하고 있다. 위 기사는 박노인의 손자는 돈이 없어 치료를 받지 못하고 결국 박노인이 혈액은행에서 피를 뽑은 돈을 가지고 갔지만 손자는 사망한 결과가 생겼다고 보도하고 있다. 이러한 극단적인 사례를 통해 북한 당국은 무상치료가 북한 주민에게 베푸는 당국의 시혜라는 점을 강조하고 있다. 아플 때 돈이 없더라도 걱정 없이 치료받을 수 있는 북한 사회가 "암흑"이 아닌 "생명을 살리는" 곳이라는 점을 대비하여 보여주고자 하였다. 북한 당국의 이런 노력에도 불구하고

---

[6] 북한 원전을 인용할 때, 북한의 맞춤법을 준용하여 인용하였다.

무상치료 제도가 실제 현대적 의료기술과 의약품을 북한 주민이 필요한 수준에서 제대로 기능하였는지는 의문이다. 이러한 의문은 2장에서 언급한 것과 같이 민간요법에 대한 강조에서 확인할 수 있다. 당시 유행하던 전염성 질병, 어린이, 성인, 노인 등 생애주기에 따른 질병 등에 대한 치료를 소금, 약수, 김, 현미 등 민간요법을 통해 극복할 것을 제안하고 있다.

2) 예방의학 강조 및 고려의학 활용

무상치료 제도를 유지하기 위해서는 질병이 발생하지 않도록 예방하는 것 역시 필수적이었다. 예방을 통해 질병 발병률을 감소시켜 전반적인 의료 재정 부담을 줄이는 것이 중요한 과업이었다. 따라서 김일성 정권은 예방의학을 강조하며, 위생 교육과 전염병 예방 정책을 적극적으로 추진한 것으로 나타났다. 주요 정책으로는 예방접종 확대, 기초 위생환경 개선, 민간요법 장려 등이 있다. 또한, 전국적인 위생 캠페인을 통해 질병 예방과 건강 증진을 도모했다. 특히, 1960~70년대 자료에서는 감염병 예방을 위한 위생 교육과 예방접종 확대에 대한 내용이 빈번하게 등장한다. 북한 당국 차원에서 주민들에게 개인 위생을 철저히 지킬 것을 강조하며, 전염병 예방을 위한 정책적 노력을 기울였다. 전국적으로 보건소와 병원이 설립되었으며, 위생검열을 강화하여 수인성 질병 확산을 막고자 하였다.

이 시기 북한의 보건의료 정책에는 고려의학에 대한 강조도 잘 드러난다. 북한 당국은 고려의학에 대해 "역사적 과정에 창조된 민족의학으로써 독특한 치료법을 이용하여 사람들의 병치료와 건강보호 증진에 이바지해 온 민족의 귀중한 의학유산"으로 규정하고 있다. 정권 수립 초기인 1954년부터 고려의사 자격시험 실시, 1956년에는 동의과 설치 등 고려의학을 제도화하기 위한 시도를 해왔다. 이를 정리하면 아래 [표 3]과 같다.

[표 3] 고려의학 제도화 과정

시기	제도	비고
1954년	고려의사 자격시험 실시	내각결정 제76호
1956년	국가치료기관에 동의과 설치	내각명령 제37호
1960년	평양의학대학 동의학부 설치	11개 도의학대학 내 설치
	한의학 명칭을 동의학으로 변경	
1993년	동의학을 고려의학으로 변경	

북한 당국은 고려의학을 과학화, 체계화하려는 노력을 해왔다. 특히, 고려약과 침, 뜸, 부항 등 민간요법의 치료효과를 규명했다는 점을 홍보하고 있다. 그러나 민간요법에 대한 지나친 강조는 신약공급 체계가 제대로 마련되지 않은 상황 때문인 것으로 판단된다. 이러한 상황을 극복하고자 북한 당국은 더욱 고려의학 및 민간요법 개발에 치중한 것으로 보인다.

4
김정일 시기
: 경제난과 보건의료 시스템 위기

　김정일 시대에 들어서면서 북한의 보건의료 체계는 심각한 경제난으로 인해 붕괴 직전에 놓이게 되었다. 1990년대 중반 '고난의 행군' 시기에 식량난과 더불어 의약품 부족이 심각한 문제로 떠올랐다. 보건의료 시설 운영이 어려워지고, 의료진의 역량이 저하되었으며, 전반적인 보건의료 서비스의 질이 급격히 악화되었다.

　김정일 시기 보건의료 관련 기사는 전체 시기 중 가장 높은 비중을 차지하고 있다. 이 시기 보건의료 관련 기사는 전체 분석 대상 1,471건 중 618건으로 약 42%의 비중을 차지하고 있다. 반면, 위생 관련 기사는 총 95건 중 17건으로 17.9% 수준에 머물고 있다. 김일성 시기 위생 기사가 총 95건 중 74건으로 77.9% 비율을 차지하고 있는 것과 비교하여 김정일 시기 접어들어 위생 기사의 수가 상당히 감소하였다는 것을 알 수 있다. 구체적인 분포를 파악하기 위해 연도별 기사 분포 현황을 살펴보고자 한다. 김정일 시기 보건의료 및 위생 기사 분포는 [그림 4]과 같다.

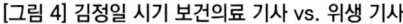

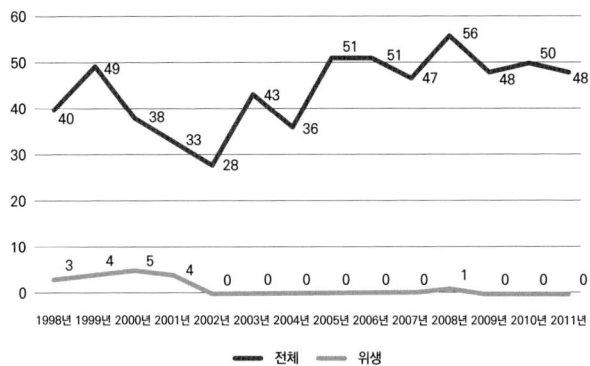

김정일 시기의 가장 큰 특징은 보건의료 관련 기사가 이전 시기와 비교하여 상당히 증가하였다는 것이다. 반면, 위생 관련 기사는 급감하였는데 1998년부터 2001년까지는 위생 기사가 등장하였으나 2002년을 기점으로 2008년 1건을 제외하고 전혀 등장하지 않는다는 사실을 알 수 있다. 꾸준히 등장하던 "위생상식" 또는 "위생선전" 기사도 해당 시기에는 나타나지 않았다. 위생 관련 기사가 감소한 대신, 콩, 호박, 나물 등 식재료의 의학적 기능을 강조하거나 "의사상담실" 기사를 통해 응급처지 방법, 당뇨, 어지

럼증 등에 대응하는 방법 등 자기치료할 수 있는 방법을 제시하고 있다.

이러한 현상은 북한의 경제난과 상당한 관련이 있는 것으로 판단된다. 고난의 행군 이후 상하수도 기능 상실, 장티푸스 및 말라리아 등 전염성 질병의 만연 등으로 인해 북한의 위생 인프라는 붕괴에 가까운 상황이었다. 따라서 이 시기 위생 관련 기사가 급감한 이유는 북한 당국이 주민을 향해 이전 시기와 같이 개인위생을 강조하거나 당국의 시혜적인 위생 관련 정책을 강조할 수 없었기 때문인 것으로 판단된다.

1) 경제난과 위생 인프라 붕괴

1995년부터 1998년 고난의 행군 기간 추정치이긴 하지만 약 60만 명에서 300만 명 규모의 대량 아사 사태가 발생하였다. 이러한 상황은 단순히 식량 부족에만 기인한 것이 아니라 전염성 질병 만연 및 보건의료 체계 붕괴에 의해 가속화되었다. 특히, 수인성 전염병 등의 만연은 북한의 위생 관련 인프라가 붕괴된 원인이 가장 큰 영향을 미쳤다.

이러한 위생 인프라 붕괴는 북한 주민의 건강 지표에 직접적인 영향을 주었다. 해당 시기 5세 이하 아동사망률, 예방접종 비율, 영양실조 비율 등 북한 주민의 건강과 연관 있는 지표는 최악의 상황을 나타내고 있었다.

[그림 5] 김정일 시기 5세 이하 아동 사망률[7]

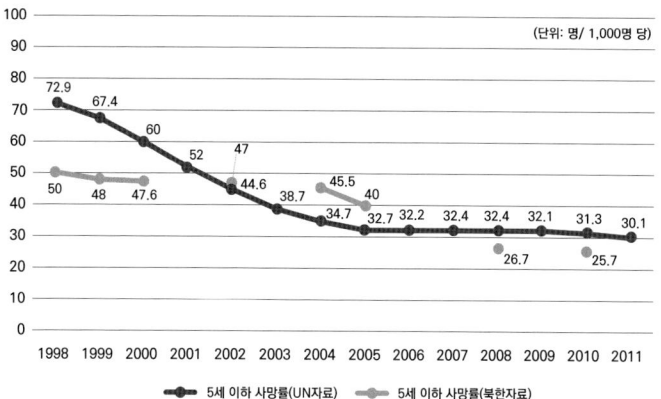

당시 상황을 가장 잘 반영하고 있는 [그림 5] 김정일 시기 5세 이하 아동 사망률을 보면 1998년의 경우 UN 자료 기준 1,000명당 72.9명에 달할 만큼 북한은 심각한 보건의료 위기를 경험하고 있었다.

---

[7] UN자료 출처: 국가통계포털, 유엔아동기금(UNICEF) 북한 자료 출처: DPRK, Convention on the Rights of the Child, COMMITTEE ON THE RIGHTS OF THE CHILD, CONSIDERATION OF REPORTS SUBMITTED BY STATES PARTIES, UNDER ARTICLE 44 OF THE CONVENTION, Second periodic reports of States parties due in 1997: Democratic People's Republic of Korea, 16 May 2003.

2) 국제 원조 의존 증가

위에서 언급한 것과 같이 북한 당국 스스로 보건의료 시스템을 더 이상 지탱할 수 없는 수준에 이르렀을 때 국제사회의 개입이 시작되었다. 한국 정부는 물론, 세계보건기구(WHO), 유엔아동기금(UNICEF)을 비롯하여 국제기구 및 NGO가 북한의 보건의료 상황을 개선하기 위해 지원을 시작하였다. 한국 정부의 인도적 지원은 1995년 유엔주재 북한 대표부가 유엔인도적지원국(UNDHA)에 긴급지원을 요청한 것을 계기로 시작되었다.[8] 국제사회의 개입 역시 같은 시기 시작되었는데 유엔인도지원국은 유엔재해평가 및 긴급조정팀(UNDAC)를 북한에 파견하여 조사를 진행한 다음 본격적인 지원을 시작하였다.[9] 보건의료 분야에 대한 지원은 초기에는 부족한 의약품 공급에 집중되었으나 장기적인 관점에서 2000년대 이후부터 보건의료 시설 및 위생 관련 인프라를 구축하는 방향으로 지원 방식이 전환되었다.

『천리마』 기사에도 2000년대 이후 기초 의료 지원에 관한 내용이 증가하고 있다. 반면, 민간요법이나 대체의학 관련 기사도 여전히 높은 비중을 차지하고 있다. 이전과 비교해 민간요법 기사는 감소하였지만 건강관리 기사는 증가하였는데, 건강관리 기

---

8 김미주, 「북한의 아동 권리 보장 연구」, 이화여자대학교 박사학위논문, 2019, 131쪽.
9 위의 논문, 138쪽.

사 역시 대체의학 방법으로 북한 주민 스스로가 건강 문제를 해결하도록 강조하고 있다. 이 시기 또 다른 특징으로는 기본적인 위생 용품의 부족으로 인해 수인성 질병이 확산되는 사례가 빈번하게 보고되었다. 보건소와 병원이 기능을 상실하면서, 북한 당국이 주민들에게 전통적인 약초 치료법과 자연요법을 활용하도록 강조하는 경향이 강해졌다.

위에서 살펴본 것과 같이 김정일 시기 북한 당국은 국제 지원을 제한적으로 수용하면서도 보건의료 체계를 유지하기 위한 노력을 지속하였다. 그러나 북한의 폐쇄적인 사회구조로 인해 국제적인 의료 수준의 발전을 위한 교류는 제한적일 수밖에 없었다. 한 예시로 2007년 북한 당국은 핀란드 NGO인 Fida International과 구강보건 프로젝트를 진행하였다.[10] 그러나 해당 프로젝트는 평양에 한정하여 진행되었고, 평양 외 다른 지역으로 확대할 것을 북한 당국이 거부함으로써 실효성에 대한 논란이 일기도 했다. 원조 물품의 배분과 관련해서도 논란이 있었다. 쌀을 비롯하여 많은 지원 물품이 군대에 우선 배정된 다음, 장마당을 통해 해당 물품이 북한 주민에게 판매되는 것은 공공연한 사실이었다. 북한 당국의 군사우선주의와 체제 유지를 위한 자원 배분 방식으로 인한 보건의료 시스템의 구조적 취약성을 노출하는 사례라 할

---

10 이새롬 외,「김정은 시대의 북한 구강보건의료 발전방침과 실태에 대한 탐색적 연구」,『J Korean Acad Oral Health』44, 2020, 27쪽.

수 있다. 북한의 이러한 체제 유지 전략은 의료 기술 발전 속도를 저해하는 요소로 작용하였으며, 장기적으로 북한의 보건의료 체계 발전을 어렵게 만든 원인이 되었다. 이러한 상황을 타개하고자 북한 당국이 도입한 해결책은 원격의료 진료 체계를 마련하는 것이었다. 2000년대 말 원격진료 시스템을 시범 도입한 이후 2010년 "먼거리의료봉사체계"라는 이름으로 원격진료를 도입하였다. 기술 중심 정책이라는 명목으로 도입된 제도인 반면, 평양과 지방 보건의료 시설 간 극명한 수준 차이를 보여주기도 한다. 지방의 열악한 보건의료 시설을 극복하고자 도입한 제도이지만 해당 제도 이용률이나 효과성에 대한 북한 당국의 자료는 공개된 것이 없다.

김정일 시기 보건의료 정책은 심각한 공중보건 위기로 인해 체제 생존을 위한 통제와 선전에 집중하였다. 북한 당국의 대응이 외부 지원에 대한 의존과 내부 통제 강화에 머무르면서 보건의료 시스템은 근본적인 개혁 없이 표면적 유지만 계속되었다. "먼거리의료봉사체계"와 같이 기술적 차원에서 새로운 제도 도입을 시도했지만 실제 북한 주민의 건강 증진에 도움이 되었다는 실증적인 자료는 없다. 그러나 보건의료 시스템에 과학기술을 접목하려는 시도는 김정은 정권의 보건의료 정책 기조로 연결되었다.

5
김정은 시기
: 보건의료 현대화 시도와 자력갱생의 한계

　　김정은 시기 북한 보건의료 정책에서 가장 큰 변화는 과학기술을 기반으로 보건의료 현대화 정책 추진과 대형 의료 시설 구축, 그리고 원격의료 등 의료서비스의 전산화 도입으로 요약할 수 있다. 이 변화는 김정일 시기까지의 전통적·사회주의적 무상치료제, 예방의학 중심 체계가 경제난과 시장화로 약화된 이후, 김정은 정권이 체제 정당성과 국제적 이미지 개선을 위해 적극적으로 추진한 결과로 판단된다. 집권 초기 김정은은 과학기술 혁신을 통한 체제 안정화를 추구하였다. 이러한 정책적 기조는 보건의료 분야에서도 뚜렷하게 나타난다.

　　김정은 시기 보건의료 관련 기사는 전체 분석 대상 1,471건 중 376건으로 약 25.6%의 비중을 차지하고 있다. 기사 출연 빈도로는 김정일 시기 618건보다 낮은 비중을 차지하고 있다. 그러나 집권 시기가 약 8년 정도라는 점을 감안하면 연평균 보건의료 기사 수는 47건으로 김일성 시기 15건, 김정일 시기 44건과 비교하여 가장 높은 비중을 차지하고 있다. 반면, 위생 관련 기사는 총 95건 중 4건으로 4.2% 수준에 머물고 있다. 김일성 시기 위생 기사가 총 95건 중 74건으로 77.9%, 김정은 시기 위생 기사가 총 95건 중 17건으로 17.9% 수준으로 나타난 것과 비교하여 김정은 시기 접어들어 위생 기사의 수는 상당히 급감하였다는 것을 알 수 있다. 구체적인 분포를 파악하기 위해 연도별 기사 분포 현황을 살펴보고자 한다. 김정은 시기 보건의료 및 위생 기사 분포는 [그림 6]과 같다.

[그림 6] 김정은 시기 보건의료 기사 vs. 위생 기사

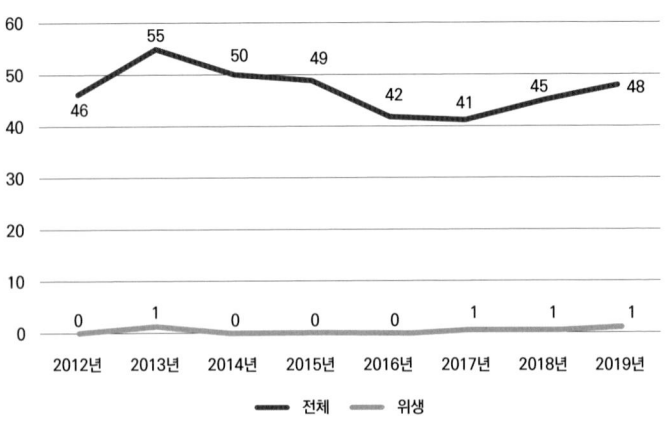

김정은 시기 보건의료 분야 기사가 급증한 것은 평양산원, 옥류아동병원 등과 같은 의료 시설 확충, "먼거리의료봉사체계" 시행 및 확대, 의약품 생산 시설 건립 등과 같이 보건의료 분야 현대화를 추진한 것과 관련이 깊다. 이러한 정책 기조 변화와 맞물려 위생 관련한 기사는 급감하였다. 과거 김일성 시기 위생 기사는 봉건적인 사고에서 벗어나 위생이 무엇인지 북한 주민에게 전달하고자 하는 목적이 강했다면, 김정일 시기의 경우 경제난으로 인한 부족한 보건의료적 지원을 북한 주민 스스로 해결할 수 있도록 위생 관리 방법을 전달하는 목적이 강했다. 이와는 달리 김정은 시기의 경우 국제사회 지원으로 인해 기본적인 위생 문제는 상당히 해결된 상황에서 정권을 시작하였다. 이러한 상황은 현대화, 과학화 기조와 위생 문제를 다루는 기사에도 나타난다.

김정은 시기 위생 기사는 위에서 언급한 것과 같이 총 4건이 있다. 그 중 2건은 치과 위생에 관련한 내용을 다루고 있다. 2013년 12호에 등장한 "구강위생", 2017년 10호 "치과 위생을 잘 지키려면"이 치아 건강을 관리하기 위한 방법을 다루고 있다. 나머지 기사는 2018년 1호 "공중위생법의 요구를 철저히 지켜 인민들의 건강을 적극 보호하자", 2019년 8호 "위생편의봉사사업을 개선하는 데서 나서는 중요한 문제"가 있다. 먼저 2018년 기사의 경우 공중위생법이 무엇인지, 어떤 목적으로 만든 것인지에 대해 법률 해석이 주된 내용이다. 2019년 기사는 위생편의봉사사업을 추진하는데 있어 봉사자들의 능력을 향상시키고, 봉사 정신을 함양할 것을 강조하고 있다.

> 위생편의봉사교육을 전문으로 받은 사람들이라고 하여도 그 수준이 다 같은 것은 아니다. 또한 급속히 발전하고있는 과학기술은 위생편의봉사기술과 방법도 보다 새롭게 발전시킬 것을 요구하고 있다. 때문에 능력있는 위생편의봉사일군들을 키워내는 것과 함께 봉사원들의 기술기능을 부단히 향상시키기 위한 기술학습, 기능전습 같은 것을 정상적으로 조직하여야 한다. 유능한 기술자들의 초빙강의를 조직하고 경험교환도 자주 하여 부단히 앞선 기술을 받아들여야 하며 위생편의봉사일군들을 다른 나라에 보내여 선진기술을 습득하는 것도 좋다.
> 이 사업에서 중요한 것은 우리의 식을 고수하면서도 다른 나라의 앞선 기술을 받아들여 위생편의봉사사업을 새로운 높은 단계에서 창조적으로 발전시켜나가는 것이다. 그러나 다른 나라의 선진경험들과 방법을 맹목적으로 받아들여서는 안되며 그중에서도 우리 나라의 실정에 맞으면서도 새로운 봉사방법을 적용하는데 실질적으로 도움을 줄수 있는 내용들만 받아들이는것과 함께 그것들을 창조적으로 더욱 발전시켜야 한다.[11]

위 기사에서도 확인할 수 있듯이 김정은 시기 북한은 위생 문제를 다루는데 있어서도 기술 발전, 과학기술 활용 등을 강조하

---

11 천리마, 『위생편의봉사사업을 개선하는데서 나서는 중요한 문제』 8호, 2019, 66쪽.

고 있다. 그럼에도 불구하고 새로운 기술을 도입하거나 활용하는 데 있어 완전한 개방이 아닌 한정적인 도입만을 추진하고 있다. "우리의 식을 고수하면서도", "우리 나라의 실정에 맞으면서도"와 같은 표현을 통해 북한 당국이 보건의료 현대화를 추진하기 위해 다른 나라와 교류는 추진하지만 여전히 폐쇄적인 정책은 고수하겠다는 의지를 파악할 수 있다.

1) 현대화된 의료 시스템 구축 시도

김정은 정권은 과학기술 발전을 강조하며 의료 부문의 현대화를 시도하고 있다. 평양의료기기공장 등 의료 인프라 확충에 투자하고 있으며, 일부 병원에서는 최신 의료 장비 도입이 이루어졌다. 이 시기 보건의료 정책은 정권 차원에서 직접 최고지도자가 현지지도를 하며 국가적 역점사업으로 추진된 점이 특징이다. 김정일 시기에 시작한 "먼거리의료봉사체계"는 김정은 시기에 본격적으로 시행되며 북한 보건의료 현대화에 있어 대표적 사례로 이 시기 들어 더욱 강조되고 있다.

북한은 "먼거리의료봉사체계"에 대해 정보통신기술을 활용해 의료 인력과 시설이 부족한 지역 주민에게 의료서비스를 제공하기 위해 도입된 전국적 원격의료 시스템이라 설명하고 있다. 2013년 이후 북한은 "먼거리의료봉사체계" 등 의료서비스의 전산화와 정보통신기술 도입에 집중하였다. 이는 기존의 2차, 3차급

병원 현대화와 더불어 의료접근성 제고와 인력 부족 보완을 위한 전략적 변화로 볼 수 있다. "먼거리의료봉사체계" 도입은 북한의 의료 인력과 시설이 평양 등 대도시에 집중되어 있고, 지방과 농촌의 의료 접근성이 매우 낮은 구조적 문제로 인한 불가피한 선택으로 판단된다. 더불어 기술 강국을 표방하며, 정보통신기술을 활용한 의료 정보화, 지능화 정책을 대내외에 보여주고자 한 북한 당국의 의지를 반영한 정책이기도 하다.

"먼거리의료봉사체계"는 2010년 시범 운영을 거쳐, 2012년 주요 산원, 아동병원에 도입하기 시작하여 2012~2015년 WHO 등 국제기구의 기술적 지원을 받아 시스템을 확장하기 시작했다. 2016년 제7차 당대회에서 김정은은 "전국적인 먼거리의료 봉사체계가 세워졌다"고 평가하며 시스템을 완성할 것을 주문했으며, 2021년 제8차 당대회에서는 "향후 5년 내 전국 모든 의료기관에 원격진료시스템을 구축"하기 위한 5개년 계획을 발표하였다.

"먼거리의료봉사체계"는 북한의 보건의료 정책에서 '과학기술 현대화'와 '정보화'의 상징적 성과로 선전되고 있다. 물론 의료 인프라가 취약한 지방과 농촌 주민에게 의료 접근성을 일부 개선하는 효과는 있다 할 수 있다. 그러나 약 10여 년이 넘는 시간 동안 북한 당국의 의지에도 불구하고 제대로된 시스템이 구축되었는지는 의문의 여지가 있다. 실제로는 시범사업 단계에서 전국적 확산이 더딘 상황이며, 품질관리, 감시체계의 미비도 꾸준히 지적되고 있다. 전력 및 통신 인프라 부족, 장비 노후화, 의약품 및 소모품 부족 등으로 인해 실질적 운영은 평양 등 일부 지역에 국한되는 한계가 여전히 존재하고 있다.

2) 보건의료 체계 개편 시도: 자력갱생의 한계

김정은 시기 보건의료 정책의 특징은 과학기술을 활용한 현대화 추진도 있지만, 가장 시급한 과제는 보건의료 조직체계 및 전달체계의 정상화에 있다. 사실상 과학기술 도입 시도 역시 경제난으로 인해 무너졌던 보건의료 체계를 재건하기 위한 북한 당국의 불가피한 선택이기도 하다. 기존의 호담당의사제, 무상치료제 등 사회주의적 보건 정책의 기본 골격을 유지하면서도, 대형병원 중심의 전달체계 재정비와 보건성 조직체계 정비 등이 시도되었다. 2012년 10월 평양산원 유선종양연구소, 2013년 3월 대성산종합병원, 2013년 10월 옥류아동병원과 류경치과병원, 2016년 10월 류경안과종합병원이 차례대로 개원하였다.

이 시기 북한 당국은 비타민C 공장, 치과 위생 용품공장 등 의약품 및 의료기기 국산화에 적극 나섰으며, 생산시설 현대화와 품질 제고를 강조했다. 이러한 변화는 북한 보건의료 체계가 경제난과 시장화, 국제제재 등 구조적 한계 속에서도 현대화·정보화·국산화를 통해 체제 정당성 강화와 국제적 이미지 개선을 동시에 추구한 결과로 볼 수 있다. 위와 같은 여러 원인 중에서도 국산화에 적극적으로 나선 이유는 국제제재로 인해 의약품 및 의료기기 생산을 위한 기본 물품 등을 전혀 수입하지 못해 불가피한 선택이기도 했다.

내부적인 보건의료 체계 개선과 동시에 북한 당국은 국제사회를 향한 이미지 관리에는 적극적인 행보를 보였다. 2015년, 북한 당국은 지속가능발전목표(Sustainable Development Goals, 이하 SDGs) 채택 이후 대외적으로 SDGs를 이행할 것을 지속적으로 표명해 왔다. 2016년 4월 리용수 북한 외무상과 2019년 9월 김성주유엔대표부 상임대표는 북한이 SDGs 의제를 실현하기 위해 노력하고 있다는 발언을 하였다. 2021년 북한은 유엔 SDGs(지속가능발전목표) 이행 보고서를 제출하며 국제사회와의 협력 및 이미지 개선에도 힘썼다. 북한 당국의 이러한 행보는 진정한 협력을 위한 노력이라기 보다는 국제사회에 보내는 이미지 개선에 좀 더 주력한 것으로 판단된다.

북한이 SDGs 실행과 모니터링을 위해서는 세부 목표들의 이행을 보여 줄 수 있는 데이터 산출과 이를 집계하여 분석하는 국가 통계 역량이 필수이다. 그러나 해당 보고서에는 구체적인 데이터를 제시하지 않고 있어 SDGs를 이행하고 있다는 북한 당국의 주장과 구호민이 두드러지게 나타나고 있다.

보건의료 체계를 개선하고 국제사회에 이미지를 개선하고 있는 북한 당국의 노력은 한계가 분명히 나타난다. 2014년부터 북한 당국은 기존에 진행되던 한국의 지원을 일방적으로 거절하였으며, 2016년 2월에는 개성공단까지 폐쇄되면서 남북관계가 완전하게 단절되었다. 2018년 남북 정상회담 개최로 남북관계가 재개되었으나 2019년 하노이 회담 취소 이후 남북관계 역시 다시 중단되었다. 같은 해 8월 북한 당국은 평양에 주재하고 있는 국제기구 상주 인원을 축소하였으며, 2020년 팬데믹 발생 이후 평양에 사무소를 두고 있는 유엔 산하 기구들이 북한을 떠났고, 마지막으로 세계식량계획(WFP)까지 북한에서 철수하면서 2021년 기준 북한 내 국제기구 직원은 전무한 상태이다.

보건의료 시설 현대화, 원격의료 도입, 보건의료 체계 개선 등은 이 시기 가장 두드러진 변화로, 이전 시기와 구별되는 김정은 정권의 상징적 정책이다. 그러나 국제적 지원 없이 자력으로 위의 정책을 진행하는 북한의 정책적 한계는 분명하며, 이는 향후 북한의 보건의료 정책이 해결해야 할 중요한 과제 중 하나이다.

6
결론

 이 연구는 1964년부터 2019년까지 북한의 대중잡지 『천리마』에 게재된 보건의료 관련 기사 1,471건을 분석하여 김일성, 김정일, 김정은 정권별 위생 정책 변화를 추적하였다. 『천리마』 외에도 북한의 상황을 입체적으로 파악하기 위해 북한 당국의 공식 발표 자료, 국제기구 보고서, 통계자료 등도 함께 활용하였다. 이를 통해 북한의 위생과 건강 정책이 시대별로 어떻게 변화해 왔는지를 분석하였다.

 김일성 시대에는 무상치료제도, 예방의학 등 사회주의적 보건의료 시스템의 기초를 확립하였다. 이 시기 『천리마』 기사의 내용은 위생문화사업과 고려의학 체계화에 집중하고 있다. 이는 위생문화사업을 통한 대중 계몽, 고려의학 체계화를 통한 의약품 부족에 대응하고자 하는 북한 당국의 의도로 해석될 수 있다. 특히,

위생문화사업 관련한 기사는 김일성 시기 초반에 집중되어 있다. 정권 수립 초기 북한 주민에게 위생 및 건강에 대한 기초 정보를 전달하는 것과 동시에 보건의료 제도를 통해 사회주의적 인간형으로 개조하기 위한 시도를 하고 있다.

김정일 시대에는 경제난으로 인해 의료 시스템이 붕괴되었으며, 국제적 지원에 의존하는 경향이 강해졌다. 이 시기 『천리마』 기사는 건강관리 기사가 급증하였다. 건강관리 기사의 대부분은 북한 주민 스스로 치료하고 질병에 대응할 수 있는 자가 치료법을 강조하고 있다. 붕괴된 보건의료 시스템으로 인해 국제사회의 개입이 불가피한 상황이었는데 이러한 내용은 『천리마』에는 전혀 등장하지 않는다. UNICEF, WFP 등 국제기구 및 한국 정부의 협력과 지원이 절대적인 상황이었으나 북한의 대표적인 공간문헌인 『천리마』는 북한이 처한 어려운 상황에 대한 직접적인 언급 대신 북한 주민이 스스로 질병에 대처할 것을 주문하고 있다.

김정은 시대에는 의료 현대화와 자력갱생을 바탕으로 한 보건의료 체계 개선이 중요한 이슈로 부각되었다. 이 시기 『천리마』 보건의료 관련한 기사는 다른 시기와 비교하여 연간 비중이 가장 높게 나타나지만 위생에 대한 주제는 거의 다루지 않고 있다. 김정은 시기 총 4건 등장하는 위생 기사에서도 기술 발전, 과학기술 활용 등을 강조하고 있다. 이 시기 북한 당국은 원격진료 시스템 도입 등 과학기술을 기반으로 부족한 의료 인프라를 상쇄하고자 했다. 이와 함께 대형병원 건설, 의약품 생산 등 보건의료 시설을 정비하는 시도도 함께 나타났다. 국제적인 이미지 개선을 위해 SDGs 보고서를 제출하는 등의 노력을 하였으나 구체적인 데이터 제시 대신 북한 당국의 노력을 강조하는 구호성 내용이 주를 이루고 있다.

김일성, 김정일, 김정은 시기 보건의료 정책의 공통적인 특징으로는 해당 정책이 체제의 성격을 반영하고 유지하기 위한 수단으로 기능하고 있다는 점이다. 더불어 평양 중심의 자원 배분으로 인해 도시와 지방 사이 격차가 지속되고 있다는 점을 알 수 있다. 각 정권별 보건의료 정책의 차이점은 해당 시기 북한 당국이 직면한 보건의료 문제와 결부하여 등장한다. 김일성 시기의 경우 사회주의를 기반으로 한 보건의료 체계 확립이 우선 과제였기 때문에 무상치료, 예방의학을 중심으로 정책을 수립하고 추진하였다. 김정일 시기는 고난의 행군으로 인해 보건의료의 모든 분야가 붕괴된 상황으로 북한 주민들 스스로 대증적인 방식으로 질병에 대처할 것을 주문하고 있다. 김정은 시기는 고난의 행군으로 인해 붕괴되었던 보건의료 체계가 어느 정도 회복되었으며, 보건의료 체계 현대화라는 명목으로 "먼거리의료봉사체계", 대형병원 건설, 의약품 및 의료기기 생산 국산화 등을 시도하였다.

북한의 보건의료 정책은 정치적 통제와 경제적 한계로 인해 김일성, 김정일, 김정은 3대에 걸쳐 지속적으로 북한 주민 스스로 건강 문제에 대처할 것을 강조하고 있다. 김정일, 김정은 시기 국제사회와의 공조 여부에 따른 북한 보건의료 제도 상황을 비교해 보면 북한 보건의료 분야는 앞으로도 국제사회와의 협력을 통한 개선이 필요하다는 점 역시 확인할 수 있었다. 북한의 보건의료 정책은 각 정권의 외부 환경과 내부 정책 변화에 따라 형태를 달리했으나, 북한 당국 주도의 통제와 이데올로기 강화라는 본질적 목표는 일관되게 유지되었다. 김일성의 대중 동원, 김정일의 위기 대응, 김정은의 기술 현대화는 표면적인 차이에 불과하며, 이는 체제 생존을 위한 전략적 대응으로 해석할 수 있다. 그러나 이 연구는 선전적 성격이 강한 북한이 공간문헌인 『천리마』를 주 분석자료로 활용함으로써 정책의 현실 반영에 대한 구체적인 상황을 파악하는데는 한계가 있다. 따라서 향후 연구에서는 북한 주민들의 일상적인 건강 관리 방식, 건강 상태를 보다 구체적으로 분석하는 것을 통해 북한 보건의료 체계의 실질적인 효과성 및 국제적 지원의 영향 등을 실증적으로 규명할 필요가 있다.

참고문헌

김미주, 「북한의 아동 권리 보장 연구」, 이화여자대학교 박사학위논문, 2019.

김옥주, 「북한 의학잡지 연구」, 『의사학』 11(2), 2002, 165~185쪽.

김진구, 「노인의 의료이용과 영향요인 분석」, 『노인복지연구』 39, 2008, 273~302쪽.

김진혁, 「해방 이후 남북한 보건의료환경의 변화와 월남의사의 정착」, 『역사와 현실』 126, 2022, 29~66쪽.

김태경, 「중앙아시아(카자흐스탄, 키르기스스탄) 의료보장시스템의 특징」, 『국제사회보장리뷰』 2023(가을), 2023, 116~128쪽.

김태근, 「오바마케어 대체에 실패한 트럼프케어: 미국 의료보험정책의 정치사회적 함의」, 『국제사회보장리뷰』 2017(가을), 2017, 37~48쪽.

민기채, 「북한 복지체제의 성격 변화에 관한 연구」, 『비판과 대안을 위한 사회복지학회 학술대회 발표논문집』, 충청북도, 2014.

박정원·여영현·이건형, 「영국 보건의료의 공공성 분석」, 『정책분석평가학회보』 26(4), 2016, 71~97쪽.

세계보건기구(WHO), Global Health Observatory (GHO) Report, 2021.

신희영 외, 「김정은 시대 북한 보건의료체계 동향: 전달체계와 조직체계를 중심으로」, 『통일과 평화』 8(2), 2016, 181~211쪽.

유니세프(UNICEF), 『북한의 보건의료 현황 보고서』, 2020.

이새롬 외, 「김정은 시대의 북한 구강보건의료 발전방침과 실태에 대한 탐색적 연구」, 『J Korean Acad Oral Health』 44, 2020, 26~33쪽.

정서연 외, 「북한 보건의료전략의 분석과 치과 분야에서의 적용 현황 고찰」, 『대한치과의사협회지』 58(9), 2020, 536~545쪽.

조선중앙통신, 『북한 정부의 보건의료 정책 발표 자료』, 2022.

조성은, 「북한 보건의료 분야의 변화 전망」, 『한국보건사회연구원』, 2019.

조창익, 「북한 보건의료체계의 현황과 남북한 협력의 방향 고찰」, 『한국여성경제학회』 17(2), 2020, 59~80쪽.

한국보건사회연구원, 「한반도 사회격차 완화를 위한 북한의 건강 및 보건의료 지표 분석」, 2022.

Democratic People's Republic of Korea, *Voluntary National Review on the Implementation of the 2030Agenda for the Sustainable Development*, 2021.

Hyun, Doo-youn, "The System and Content of North Korean Medical Laws," *The Korean Society of Law and Medicine* 17(1), 2016, pp.3~43.

Sojin Lim, "North Korea and the United Nations: Achieving the Sustainable Development Goals (SDGs)," *IKSU Working Paper Series* No. 1, 2019.

Ye, F., Yan, Y., Kim, M., & Lee, J. J., "Healthcare challenges during Kim Jong-un's regime in the Democratic People's Republic of Korea (DPRK) in comparison with 2001 – 2010," *Journal of Peace and Unification* 12(1), 2022, pp.101~130.

Part IV

국제사회 지원과 건강

임 소 진

1
국제사회의 원조지원에 대한 이해[1]

국제사회의 개발도상국에 대한 지원은 일반적으로 경제협력개발기구(Organisation for Economic Co-operation and Development, 이후 OECD) 산하의 개발원조위원회(Development Assistance Committee, 이후 DAC) 회원국이 제공하는 공적개발원조(official development assistance, 이후 ODA)의 방식을 통해 이루어진다. 국제사회는 OECD DAC 회원국을 중심으로 제공되는 국가차원의 ODA뿐 아니라 개발도상국 발전에 필요한 재원을 통틀어 '개발재원'이라는 광범위한 범주의 재원을 개발도상국 발전을 위해 제공해오고 있다. 특히 2016년부터 2030년간 유

---

1 본 장은 Lim, Sojin (2023). *International Aid and Sustainable Development in North Korea*. London, Routledge에 수록된 제5장, International Aid and Uncloaking Society의 일부를 국문으로 번역 및 수정하고, 그 외 내용을 추가하여 작성되었다.

엔(United Nations) 회원국들이 이행해야 하는 지속가능발전목표(Sustainable Development Goals)의 달성을 위해 필요한 개발재원의 확대를 위해 ODA와 민간재원을 혼합한 형태의 혼합금융도 최근에는 개발재원의 한 부분으로 포함하고 있다.[2] 일반적으로 개발원조의 형태는 크게 ODA, 기타공적자금, 민간자금의 흐름, 민간증여, 그리고 그 외 다양한 형태의 민간재원 및 혼합금융으로 구분한다.

이 중 ODA란 크게 양자원조와 다자원조로 구분할 수 있다. 양자원조는 원조공여국, 즉 고소득국 또는 OECD DAC 회원국이 원조수원국, 즉 중소득국, 저소득국 및 최빈개도국으로 이루어진 개발도상국에게 제공하는 원조를 의미한다. 중국, 브라질, 남아프리카공화국과 같은 중소득국이 저소득국 또는 최빈개도국에 원조를 제공하기도 하는데, 이러한 형태의 남남협력의 경우 중소득국들은 OECD DAC의 회원국이 아니기 때문에 공식적인 국제 ODA 통계에는 이들의 대개발도상국 원조가 포함되고 있지는 않다.

다자원조란 유엔과 같은 국제기구와 세계은행 및 아시아개발은행과 같은 다자개발은행이 개발도상국에 제공하는 원조를 의미한다. 다자원조를 제공하고 있는 국제기구 및 나사개발은행의

---

2   임소진, 「국제개발협력과 지속가능발전목표(SDGs)」 KOICA ODA 교육원, 『국제개발협력 입문편 (개정판)』, 아이스크림미디어, 2022.

자금은 크게 개별 정부의 기여금이나 신탁기금 등으로 구성된다. 이 중 특히 공여국이 국제기구 또는 다자개발은행에 지원금 제공 시 원조 사용 목적을 특정하는 경우가 있는데, 이는 다중양자원조라고 정의된다.

원조공여국은 국제기구나 다자개발은행 외에도 비정부기구(non-governmental organizations, 이후 NGOs)나 시민사회기구를 통한 지원으로 개발도상국 발전에 기여하기도 한다. 개발도상국을 대상으로 활동을 하는 NGO 및 시민사회기구의 경우 일반적인 기부를 통한 재정확보 뿐 아니라 공여국 정부나 국제기구의 재정 지원을 통해서 개발도상국을 위한 사업을 수행한다. NGO 또는 시민사회기구가 관여하는 개발도상국 지원 사업에 대한 재원은 대부분 무상원조로 이루어진다.

이와 관련하여, 각 공여국이 제공하는 ODA는 무상원조(grant aid)와 유상원조(loan aid, 또는 차관, concessional loan)로 구분할 수 있으며, 유엔과 같은 국제기구는 무상원조를, 세계은행과 같은 다자개발은행은 유상원조를 주로 제공한다. 무상원조는 주로 식량원조 및 의료 지원을 중심으로 하는 인도적 지원과 정책 자문과 교육 등으로 이루어지는 소규모의 기술협력을 중심으로 한 개발 원조로 구분할 수 있다.

이와 비교하여, 유상원조는 주로 고속도로나 댐 건설과 같은 대규모 개발 원조 지원에 활용된다. 예를 들어, 한국의 경우 1950년대 한국 전쟁 이후 유엔을 중심으로 한 국제기구와 미국

등의 공여국이 인도적 지원과 기술 협력을 바탕으로 한 무상원조를 제공하여 경제 발전의 초석을 다질 수 있도록 하였으며, 1960년대 산업 발전에 박차를 가하면서 인도적 지원은 점차 줄어들고, 개발 원조 형태의 양자원조 및 다자원조 모두 유상원조의 형태로 변모하기 시작하였다.[3]

한편, 개발 원조와 인도적 지원을 구분할 필요가 있는데, 일반적으로 분쟁 또는 분쟁 직후의 상황 또는 취약국에 대해서 비상구호의 성격을 가지는 인도적 지원이 먼저 요구된다. 또한 지진, 해일, 홍수와 같은 자연재해 피해 대처 및 복구를 위해서도 인도적 지원이 제공된다. 개념적으로 인도적 지원은 비상시에 요구되는 원조이기 때문에 '성장' 또는 '발전'보다는 '위기 상황 극복'을 위한 한시적 지원이 일반적이다.

유엔인도주의업무조정국(United Nations Office for the Coordination of Humanitarian Affairs, 이후 UNOCHA)에 따르면, '인도적 지원의 목적은 지역 사회의 회복탄력성을 구축'하는 데에 있다.[4] 따라서 인도적 지원은 주로 식량, 의약품, 물, 위생 문

---

[3] Lim, Sojin (2021). The Evolution Story of South Korea from A Fragile State to An International Actor, in Sojin Lim and Niki J.P. Alsford (eds): *Routledge Handbook of Contemporary South Korea*. London, Routledge, pp.118~135.

[4] OCHA (2011). Peacebuilding and Linkages with Humanitarian Action: Key Emerging Trends and Challenges. OCHA Occasional Policy Briefing Series No. 7. New York, OCHA. p.5

제에 대한 지원으로 제한되는 한편, 개발 원조는 공여국의 의도와 수원국의 필요에 따라 다양한 형태의 지원이 가능하다. 인도적 지원의 규모가 항상 낮은 수준인 것은 아니지만, 개발 원조의 전체적 규모에 비하면 상대적으로 적다고 볼 수 있다. 인도적 지원은 국가 비상사태 또는 위급한 상황을 위한 임시적 지원으로써, 한 국가의 제도를 정비하거나 빈곤을 벗어나기 위해 필요한 규모로는 제공되지 않기 때문이다.

일반적으로 ODA는 공여국이 제시하는 조건이나 공여국의 국가적 이해관계를 반영한 외교적, 상업적, 지리적 등의 목적을 수반하여 제공된다.[5] 일부 북유럽 국가들의 경우 다른 공여국에 비해 보다 이타적인 지원을 제공하는 경향이 있기는 하지만 이는 상당히 예외적이라 할 수 있다. 공여국이 아무런 조건 없이 수원국에 인도적 지원 형태의 대규모 지원을 제공하는 것은 거의 찾아보기 어렵다. 따라서 공여국의 이해관계를 동반한 양자원조 보다 인도적 지원 또는 조건없는 개발 원조를 제공할 수 있는 다자원조가 보다 빈곤퇴치에 더 효과적이라고 주장하는 학자들도 있

---

[5] Lancaster, Carol (2007). *Foreign Aid: Diplomacy, Development, Domestic Politics*. London, University of Chicago Press.; 임소진, 「원조형태에따른원조동기와국익연계패턴분석: 한국, 일본, 독일, 프랑스사례를중심으로」, 『국가전략』 23(1), 2017, 87~106쪽.

다.[6] 다만 이 장의 목적은 양자원조와 다자원조의 효과를 비교하는 것이 아니기 때문에 여기서는 이에 대해 다루지 않기로 한다.

이러한 배경을 바탕으로 보았을 때, 인도적 지원의 규모와 형태는 인류애, 공정성, 중립성, 독립성과 같은 핵심 원칙을 바탕으로 국가 또는 사회의 최소한의 역량 개발을 지원하는 정도로 제한된다고 할 수 있다.[7] 즉, 인도적 지원은 국가가 위기 상황에서 민간인 피해를 최소화하는 데에 집중하는 경향이 있다. 이와 비교하여, 개발 원조는 다양한 지원 형태와 방법을 통해 개발도상국의 지속가능한발전에 기여하는 데에 그 목적이 있다. 다시 말해 개발 원조는 사회, 정치, 경제적 발전이나 기후 변화로 인해 증가하고 있는 자연재해에 대한 회복탄력성 강화 등을 위한 국가의 역량 개발을 지원한다.

위에서 언급된 한국의 사례에서 보여주는 것과 같이, 무상원조 지원을 통해 한 국가는 교육, 산업, 인적 자원 개발과 같은 분야를 발전시킬 수 있으며, 이를 바탕으로 일정 수준의 경제 개발

---

[6] 예 ; Milner, Helen V. and Dustin Tingley (2013). The Choice for Multilateralism: Foreign Aid and American Foreign Policy. Review of International Organizations, 8(3): 313–341.

[7] Cartier-Bresson, Jean (2012). Official Development Assistance in Fragile States. Crime Law Soc Change, 58: 495-507. p.502; OCHA (2011). Peacebuilding and Linkages with Humanitarian Action: Key Emerging Trends and Challenges. OCHA Occasional Policy Briefing Series No. 7. New York, OCHA. p.4

을 수립할 수 있다. 어느 정도 경제적 발전이 이루어지면 수원국은 공여국으로부터 더 큰 규모의 유상원조를 받아 산업화에 박차를 가할 수 있다. 이러한 의미에서 한국은 수원국, 특히 부채 상환 능력이 없는 취약 국가가 경제 개발 초기 단계에서 무상원조의 효과를 잘 보여준 사례라고 할 수 있다. 무상원조를 통해 수원국이 위기를 극복하고 더 큰 규모의 경제 발전으로 도약할 수 있는 역량을 갖추게 되면 대규모 개발 사업을 가능하게 하는 유상원조가 더욱 효과적으로 작용할 수 있는 것이다.[8]

앞에서 의미한 바와 같이, 인도적 지원은 자연재해와 같은 긴급 상황에서 즉각적인 대응을 위해 제공되기 때문에 일반적인 상황에서는 인도적 지원이 국가 발전이나 산업 개발을 위해 사용되지는 않는다.[9] 그러나 인도적 지원의 역할이 항상 재난복구와 같은 상황으로 제한되는 것은 아니다. 오히려 인도적 지원을 통해 위기를 극복하고 이를 보다 장기적인 발전의 토대로 뒷받침 할 수 있도록 '구호'와 '발전'을 잘 연계하여 인도적 지원이 대상 개발도상국의 국가 개발에 초석이 될 수 있도록 기여할 수도 있다.[10]

---

[8] Lim, Sojin (2021). The Evolution Story of South Korea from A Fragile State to An International Actor. In Sojin Lim and Niki J.P. Alsford (eds): *Routledge Handbook of Contemporary South Korea*. London, Routledge, 118-135.

[9] OECD, (2018). *States pf Fragility 2018*. Highlights. Paris, OECD.

[10] JICA (2017). Linking Humanitarian Aid and Development Aid: A Lively Discussion with Julia Steets and Other Experts. JICA Ogata

이를 한국의 사례를 통해 다시 살펴보자면, 한국은 전쟁 직후의 위기를 비상 구호 자금을 바탕으로 한 공여국 및 국제기구의 인도적 지원을 통해 극복하고, 이후 확대된 공여국의 개발 원조 지원을 통해 나라의 경제 발전을 이루었다는 것을 확인할 수 있다. 따라서 이러한 점에서 한국의 사례는 인도적 지원과 개발 원조를 국가 발전으로 연결한 긍정적인 사례라고 볼 수 있다. 한국의 경우, 인도적 지원과 함께 국가 발전의 초기 단계에 무상원조가 투입되었고, 이후 산업화가 시작되면서 유상원조를 바탕으로 성공적인 산업화와 경제성장을 이룰 수 있었다.[11] 이렇듯 인도적 지원과 개발 원조의 성공적인 연계를 통한 국가 발전이라는 관점에서 볼 때, 북한에 대한 국제사회의 원조 지원과 국가 발전 모습은 여러 가지 면에서 한국과 매우 상반된다고 할 수 있다.

과거 북한의 경제 상황은 지금처럼 심각하지 않았다. 1960년대부터 1970년대까지 북한은 서아프리카 국가들에게 원조를 제

Sadako Research Institute for Peace and Development News and Topics, 16 January 2017; Macrae, Joanna and Adele Harmer (2004). Beyond the Continuum: An Overview of the Changing Role of Aid Policy in Protracted Crises. HPG Research Briefing Number 16. London, Overseas Development Institute.

11 Lim, Sojin (2021). The Evolution Story of South Korea from A Fragile State to An International Actor, in Sojin Lim and Niki J.P. Alsford (eds): *Routledge Handbook of Contemporary South Korea*. London, Routledge, 118-135.

공하였다.[12] 그러나 1990년대에 발생한 대기근 이후 북한은 1995년 역사상 처음으로 구소련 및 중국을 중심으로 이루어졌던 기존 공여국가들 이외의 국가들과 국제기구에 원조를 요청하였다. 이와 관련하여, 본 장은 다음 절에서 국제사회의 북한에 대한 원조지원의 사례를 보다 자세히 살펴보았다.

---

[12] Fahy, Sandra (2019). Marching Through Suffering: Loss and Survival in North Korea. New York, Columbia University Press.

2
국제사회의 대북 원조지원

1) 러시아(구소련)와 중국

국제사회의 대북 원조지원(이후, 대북지원)은 구소련(또는 소비에트 연방)의 유상원조에서 시작되었다고 할 수 있다. 일제강점기 중 일본이 북한에 설립한 산업 시설을 기반으로 북한은 구소련의 지원을 받아 일정 수준의 경제 성장을 이룰 수 있었다. 이후 한국 전쟁이 발발하면서 구소련과 중국 뿐 아니라 그 당시 소위 일컫던 다른 '공산' (또는 사회주의) 국가들도 북한에 대해 원조를 제공하기 시작했다 ([표 1] 참조). 이러한 상황에서 한국 전쟁 이후 북한은 소련의 원조에 크게 의존하게 되었고, 일정 기간 이후에는 중국 원조에 의존하는 경향을 보였다.

[표 1] 1990년대 이전 국제사회의 대북 양자원조 지원, 통계 1[13] (미화 만달러 기준)

	구소련		중국		동독일		그 외 동유럽 국가들		합계	
	무상	유상	무상	유상	무상	유상	무상	유상	무상	유상
1945 ~1949	–	53	–	–	–	–	–	–	–	53
1950 ~1960	515	199	336	173	101	–	326	4	1,278	376
1961 ~6199	–	197	–	105	–	35	–	–	–	337
1970 ~1976	–	906	–	2	–	–	–	–	–	908
1978 ~1984	–	–	259	–	–	–	–	–	259	–
소계	515	1,355	595	280	101	35	326	4	1,537	1,674
합계	1,870		875		136		330		3,211	

다만, 대북지원에 대한 통계는 아직까지 국제적 차원이나 오픈 액세스(open access)를 통해 공식적으로 통합되지 않고 있기 때문에 일부 연구 및 국가 자료에서 다루고 있는 대북지원 통계에 다소 차이가 나타난다는 한계가 있다. 예를 들어, [표 1]과 [표 2] 각각에 나타난 통계치 간 일부 불일치하는 부분이 있다는 것을 알 수 있다.

---

13 Ford, Glyn (2018). *Talking to North Korea: Ending the Nuclear Standoff*. London, Pluto Press. p.76을 바탕으로 저자 재정리.

[표 2] 1990년대 이전 국제사회의 대북 양자원조 지원, 통계 2[14] (미화 만달러 기준)

	구소련		중국		그 외 사회주의 국가들		합계	
	무상	유상	무상	유상	무상	유상	무상	유상
1945 ~49	53.0		-	-	-	-	53.0	
1953 ~60	325.0	284.0	287.1	172.5	364.9	-	977.0	456.5
1961 ~70	558.3		157.4		159.0		874.7	
1971 ~80	682.1		300.0		-		982.1	
1981 ~90	508.4		500.0		-		1,008.4	
합계	2,410.8		1,417.0		523.9		4,351.7	

　[표 1]과 [표 2]의 두 통계치 간 시간적 구분이 동일하지 않기 때문에 정확한 수치가 누락된 부분에는 변동 또는 추정의 여지가 있다. [표 1]에는 구소련이 1950년부터 1960년까지 10년간 미화 약 5억 1천5백만 달러의 보조금을 제공했다고 기록되어 있고, [표 2]에 따르면 1953년에서 1960년까지 7년 동안 북한에 제공된 원조 자금은 미화 약 3억 2천 5백만 달러이다. 그 당시 이들 국가의 대북지원에 대한 정확한 통계 확인이 불가능한 상황에서 1950년

---

14 Kim, Jiyoung (2014). The Politics of Foreign Aid in North Korea. The Korean Journal of International Studies, 12(2): 425-450. p.431을 바탕으로 저자 재정리.

부터 1952년까지의 구소련의 대북지원 규모는 미화 약 1억 9천만 달러로 '추정'할 수밖에 없는 것이 현실이다. 물론 러시아어로 된 원자료를 통해서 이 기간의 정확한 통계를 확인할 수도 있겠으나, 접근 가능한 공개된 자료로는 위와 같은 추정만이 가능한 상황이다. 또한 동 기간 중국의 대북지원 역시 정확히 공개된 자료가 부재한 상황에서 다양한 연구 자료를 통해 원조 자금 규모의 '추이'를 살펴보는 것에 의미를 둘 수밖에 없다.

따라서 통계자료 해석의 오류와 불일치를 최소화하기 위해서 원자료 출처에 대한 심층적인 조사가 항상 수반되어야 한다. [표 1]과 [표 2]에 제시된 통계에 그 출처가 표기되어 있기는 하지만, 이는 모두 이차자료를 대상으로 조사한 통계들이다. [표 1]의 경우 통일부의 전신인 국토통일원이 1986년 발표한 북한 경제 통계집에 실린 자료이고, [표 2]는 1996년 한국개발연구원이 발표한 북한 경제 지표이다. 이러한 이차자료를 정리해놓은 기존 문헌에는 각 데이터의 원자료가 어떻게 수집되었는지는 나타나 있지 않다. 이 부분에 대해, 본 장에서는 데이터 출처와 해석의 정확성을 높이기 위해 국토통일원의 통계자료와 한국개발연구원의 통계자료에 대한 출처를 다음과 같이 찾아보았다.

각 자료를 최초 수집한 담당자 면담은 불가능했지만, 한국개발연구원의 북한경제연구실 연구원과의 면담자료를 찾을 수 있었다.[15] 이 면담자료에 따르면, 국토통일원은 북한 정부의 공식 성명자료 및 언론보도 등과 같이 공개되어 활용 가능한 출처를 통해 자료를 수집하고, 이를 대북통계로 편찬하여 발표한 것으로 보인다. 1980년대 말에서 1990년대 초 사이, 구소련이 붕괴할 무렵 한국 정부는 북한의 경제 정보를 수집하는 데에 더욱 주의를 기울였으며, 이때 한국개발연구원은 북한경제연구실을 설립하였다. 즈음하여 국토통일원 뿐 아니라 한국은행과 대한무역투자진흥공사 등의 기관들도 북한에 대한 통계자료를 정기적으로 공개하기 시작했다.

한국은행의 경우, 북한의 연간 국민총소득의 증가율 추정치를 정리하였고, 대한무역투자진흥공사는 중국과 같은 북한의 무역 상대국의 데이터를 정리하였다. 이밖에도 농촌진흥청은 북한의 곡물 생산량과 공급량에 관한 자료를 체계적으로 수집하기 시작하여 북한의 연간 곡물 생산량의 추청치를 산출하였다. 유사한 노력이 한국개발연구원을 비롯한 국내 다른 기관들에서도 이어졌고, 통계청이 이들 기관에서 수집하고 분석한 자료들을 바탕으로 매년 북한의 주요 통계 지표를 발표하고 있다.

---

15 Lee, Suk and Byoungkoo Cho (2021). North Korean Statistics and Research on the North Korean Economy. Dialogue on the North Korea Economy No. April 2021. Sejong, Korea Development Institute.

[표 3]에서 알 수 있듯이 대북원조에는 기술지원도 있었는데, 각기 다른 출처의 자료 간의 중복이 있는지에 대한 여부가 불확실하기 때문에 위의 내용이 [표 1] 및 [표 2]에 나타난 금액에 포함되어 있는지의 여부는 불분명하다.

[표 3] 1990년대 이전 비금융성 대북 양자원조 지원[16]   (미화 만달러 기준)

	기술지원 또는 물적 지원 (금융수단 이외의 지원)
구소련 (소비에트 연방)	북한 인력의 구소련 내 파견 교육 군사장비 연료 기술자 파견 (5,000명 이상)
중국	봉사자 파견
동독	350명의 엔지니어 및 기술자 파견
동유럽 전체	북한 인력의 동유럽 국가 내 파견 교육
체코	버스
알바니아	아스팔트
몽고	말 (1만마리 규모)

보건 분야를 예로 들어보면, 1945년부터 1958년 사이 북한에 다양한 형태의 지원이 이루어진 것으로 보인다. 중국은 북한에 한약을 제공했으며, 구소련과 동맹국들은 백신 배포, 보건 분야 정

---

16 Seth, Michael J. (2018). *North Korea: A History*. London: Palgrave. pp.70-71 및 p.165를 바탕으로 저자 작성.

책 조언, 의학 교육, 적십자 병원, 의약품 생산 공장 및 전염병 연구 기관의 설립과 같은 다양한 형태로 북한을 지원했다. 이들 지원 중 일부는 지식 이전과 같은 기술 지원의 형태로 제공되었으며, 공여국에서 북한으로 의료진을 파견하여 수술 및 치료를 직접 수행하는 형태도 이루어졌다.[17] 하지만 이러한 지원 내용이 [표 1], 및 [표 2]와 같은 통계부분에 반영되었는지는 명확하지 않다.

러시아와 중국은 OECD 회원국이 아니므로, 일부 국가에 대한 원조공여국으로 활동하면서도 OECD DAC에는 가입되어 있지 않다. 따라서 이들 두 국가는 OECD의 원조통계를 위해 DAC ODA 공여국이 참여하는 원조통계 보고체계에 데이터를 제공하지 않는다. DAC 회원 국가들은 ODA 공여국 보고 시스템을 통해 OECD에 개발원조 및 수출신용과 같은 국가의 공식적인 자금 흐름 내역을 보고해오고 있다.

중국의 경우, 중국 정부가 대외 원조 예산을 공개하기 시작한 것은 비교적 최근이라고 할 수 있다. 2011년 이전의 중국 정부는 자국 내 국민 여론을 의식하여 대외 원조 내역을 공개하지 않았다. 따라서 2011년 이전 중국 원조에 대한 자료는 모두 개별 연구를 통해 수집되었다. 그러나 중국 정부는 2011년, 2014년, 2021년

---

[17] 김진혁·문미라, 「사회주의 진영의 북한 의료지원과 교류 (1945-1958) : 소련배우기의 주체적 발전의 틈새에서」, 『의사학』 28(1), 2019, 139~189쪽.

에 각각 '중국 해외원조 백서'를 영어로 발간하였다.[18] 중국 원조 백서에는 자세한 데이터가 포함되어 있지는 않지만, 중국은 이 자료들을 통해 1950년에 북한과 베트남을 시작으로 해외원조를 시작했다고 명시하고 있다.

북한의 고난의 행군 시기의 경우, 1996년부터 2001년까지 중국은 북한에 약 130만 톤의 식량 원조를 제공했다고 알려지고 있다.[19] 이와 비교하여, 동기간 미국은 170만 톤, 한국은 67만 톤, 일본은 81만 톤의 식량 원조를 제공하였다. 기간을 1995년부터 2012년으로 확장하면, 중국의 대북 식량지원은 총 327만 톤으로, 세계식량계획(World Food Programme, 이후 WFP)을 통한 대북 다자 식량 원조국 중 두 번째로 큰 규모의 지원을 제공하였다. 같은 기간내 한국은 331만 톤을, 미국은 240만 톤을 지원하였다.[20] 이 기간의 국제기구의 다자 식량 원조의 규모는 WFP에서 발표한

---

[18] State Council Information Office (2011). *China's Foreign Aid*. Beijing, State Council Information Office of the People's Republic of China; State Council Information Office (2014). *China's Foreign Aid*. Beijing, State Council Information Office of the People's Republic of China; State Council Information Office (2021). *China's International Development Cooperation in the New Era*. Beijing, State Council Information Office of the People's Republic of China.

[19] Lankov, Andrei (2015). *The Real North Korea: Life and Politics in the Failed Stalinist Utopia*. New York, Oxford University Press. p.186.

[20] Reilly, James (2014). The Curious Case of China's Aid to North Korea. Asian Survey, 54(6): 1158-1183. p.1171.

것으로, 중국의 대북 양자원조의 정확한 자금과 액수는 불분명하나,[21] [그림 1]과 같이 1995년부터 2005년까지 기간동안의 중국의 대북 양자원조의 대략적인 규모가 조사된 바 있다.

[그림 1] 중국의 대북 양자원조 (1995~2005년)[22]   (미화 만달러 기준)

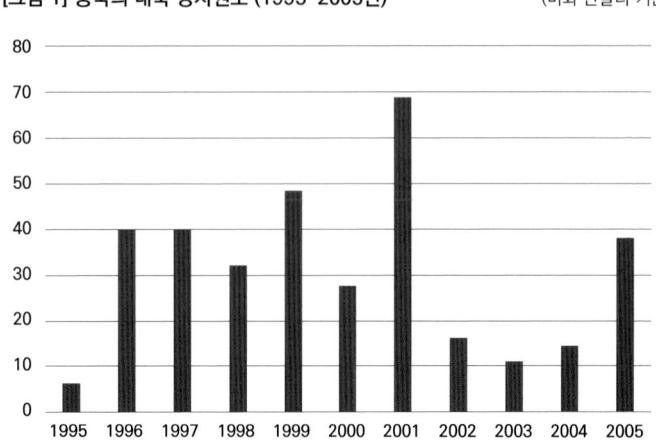

2) 국제기구

1995년 대기근으로 북한이 국제사회에 지원을 요청하자,

---

21 Reilly, James (2014). The Curious Case of China's Aid to North Korea. Asian Survey, 54(6): 1158-1183.
22 Söderbert, Marie (2006). Can Japanese Foreign Aid to North Korea Create Peace and Stability? Pacific Affairs, 79(3): 433-454, p.450을 바탕으로 저자 작성.

WFP, 유니세프(United Nations Children's Fund, 이후 UNICEF), 유엔개발계획(United Nations Development Programme, 이후 UNDP)과 같은 국제기구들이 대북 식량지원을 시작하였다. 1995년부터 2005년까지 WFP는 약 4백만 톤(미화 약 170억 달러)의 식량을 북한에 지원하였으며, 전체 북한 인구의 25% 이상이 수혜 대상이 되었다.[23] WFP는 1990년대 후반에는 연간 미화로 약 3억 달러 이상의 식량을 지원하였다. 이와 같이 이 시기의 대북지원은 인도적 대기근을 위한 긴급구호의 형태로 인도적 지원으로 제공되었다. 특히 식량원조가 최우선시 되어, 1995년부터 1998년까지 여러 인도적 지원 기구들을 통해 100만 톤 이상의 식량이 북한에 제공되었다.[24]

2000년까지 대북 식량지원의 40%는 국제기구로부터의 지원이었다. WFP의 경우, 2003년 보고서에서 약 85%에 달하는 북한 주민, 특히 여성 및 아동에게 식량지원에 제공되었다고 보고한 바 있다.[25] 이 시기 북한 내 초등학교 출석률이 75%에서 95%로 증가한 것을 알 수 있는데, 이는 대북원조로 제공된 '영양 비스

---

[23] Ford, Glyn (2018). *Talking to North Korea: Ending the Nuclear Standoff*. London, Pluto Press. p.107.
[24] Smith, Hazel (2015). *North Korea: Markets and Military Rule*. Cambridge: Cambridge University Press. p.201.
[25] Seth, Michael J. (2018). *North Korea: A History*. London: Palgrave. pp.70-71 및 p.202.

킷'을 학교에서 북한 아동들에게 성공적으로 제공한 예로 볼 수 있다. 이는 UNICEF 보고서를 통해서도 확인할 수 있는데, 특히 1998년에서 2002년까지의 기간에는 북한의 가장 취약한 계층에게도 식량이 전달되었다는 것을 확인할 수 있다.[26]

이러한 초기 국제기구의 식량중심의 대북원조는 [표 4]에서 보여주는 것과 같이 '유엔과 북한의 협력을 위한 전략적 프레임워크' 수립을 통해 보건 분야를 포함하여 점차적으로 다양한 분야로 확대되었다.

[표 4] 대북지원 우선순위 확대 양상[27]

기간	우선순위	세부내용
2007 ~2009	경제	경제성장 및 사회적 경제발전을 위한 자원 투자
	경제발전을 위한 지속가능한 에너지 자원	지속가능한 에너지 자원 확대
	지속가능한 발전을 위한 환경	환경 자원의 지속가능한 이용을 위한 관리 확대
	삶의 질 향상을 위한 지속가능한 식량안보	가정과 국가 수준에서의 식량 보유량 확대
	북한 주민 생활 향상을 위한 기본 사회서비스	공중보건, 어린이 및 모성 보호, 영향, 교육, 물, 위생 향상

---

26 Ford, Glyn (2018). *Talking to North Korea: Ending the Nuclear Standoff*. London, Pluto Press. pp.110-111.
27 정구연·손혁상 외, 「유엔의 대북지원 현황과 평가」, 『북한 개발협력의 이해』, 도서출판 오름, 2017, 140~141쪽을 바탕으로 저자 재작성.

기간	우선순위	세부내용
2011~2015	사회개발	1·2차 보건 기관에서의 성인 및 어린이 대상 진료 확대, 교육환경 개선, 설사 및 호흡기 감염 질병 관련 사망률 감소를 위한 식수, 보건 및 위생 환경 개선
	지식 및 개발관리를 위한 파트너십	대외원조 관리 및 지속가능한 개발을 위한 인적 역량 강화
	영양	취약집단의 영양상태 향상 및 지속가능한 식량안보 확보
	기후변화 및 환경	환경보호 및 오염물질 관리 역량 강화, 재난관리 및 기후변화에 대한 국가 역량 강화, 자연자원 관리를 위한 지방 및 커뮤니티 역량 강화
2017~2021	식량 및 영양 안보	지속가능한 식량 생산 및 생산성 강화, 취약집단의 식량접근성 강화, 영유아 및 여성 영양 상태 강화
	사회개발 서비스	지속적이고 동등한 보건 혜택 부여, 감염성 및 비감염성 질병 치료를 위한 보건 서비스 강화, 보건위기 대응 능력 강화, 식수와 보건 및 위생 관련 가정별 동등한 혜택 부여, 교육 및 훈련 수준 향상
	복원력과 지속가능성	여성 포함 취약집단의 기후변화 및 재난 대응능력 제고, 취약집단 포함 커뮤니티의 현대 에너지 자원 접근성 강화, 환경관리 및 기후변화에 대한 통합적이고 균등한 접근법 적용
	데이터 및 개발 관리	인도적 지원 및 발전과 관련된 데이터 접근성 강화, 국제기술규범과 기준 적용을 위한 역량 강화, 국제조약과 협약 등에 대한 준수 강화 및 증거 기반 보고 체계 강화

그러나 국제사회의 실질적인 지원은 매우 미흡하게 이루어졌다. [그림 2]와 같이 대북지원은 북한의 핵실험으로 인한 유엔 대북제재의 시작으로 크게 감소하였다. [그림 2]는 2000부터 2021년까지 여러 공여국, 국제기구 및 비정부단체를 모두 포함한 대북 인도적지원의 전체적인 흐름을 보여준다.

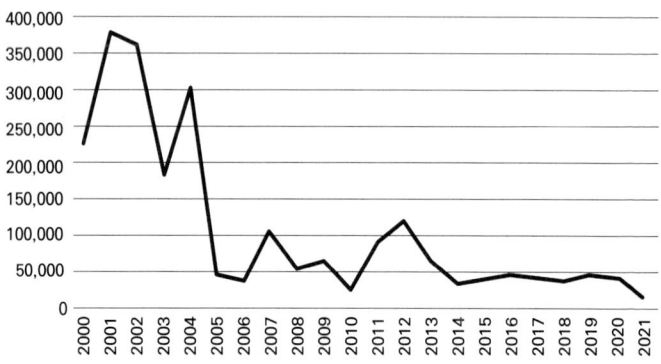

[그림 2] 국제사회의 대북 인도적지원 (2000~2021년)[28]   (미화 천달러, 약정액 기준)

대북지원 과정에서 양자원조를 제공한 공여국도 있지만, 대부분 국제기구를 통한 다자원조 또는 NGO의 대북원조 사업을 통해 북한을 지원하였다.

---

28 UNOCHA 통계시스템(Financial Tracking Service, FTS)을 바탕으로 저자 작성.

3) 유럽연합

유럽연합(European Union)은 북한에 약 5천만 유로 (미화 약 4천 4백만 달러)의 식량 원조를 다자지원의 형태로 WFP를 통해 제공했고, 유럽연합위원회(European Commission)는 약 3억 4천4백만 유로(미화 4억 3천만 달러) 규모의 양자 원조를 집행하였다.[29] 유럽연합의 대북지원은 긴급구호 성격의 식량 원조와 같은 인도적지원이 주를 이루었지만, 그 외에도 비료 및 농업, 보건 분야에 대한 기술 지원과 같은 유형의 원조도 포함한다. 유럽연합은 미국, 한국, 중국에 이어 북한에 대한 네 번째로 큰 규모의 양자원조 공여국이다.[30]

유럽연합은 2005년 핵 위기 상황에서도 원조를 지속, 약 1,070만 유로(미화 약 1천3백50만 달러)를 보건 분야에 지원하였다.[31] 이러한 유럽연합의 대북지원은 북한 정부가 북한으로부터 국제기구 및 공여국의 철수를 요청한 상황에서도 지속되었다.

2005년 핵 위기를 기점으로 대부분의 공여국들은 대북원조를 중단했고, 이후 제한적으로 원조를 제공하였다. 하지만 유럽연합

---

29 Ford, Glyn (2018). *Talking to North Korea: Ending the Nuclear Standoff*. London, Pluto Press. p.109 및 p.238.
30 Ford, Glyn (2018). *Talking to North Korea: Ending the Nuclear Standoff*. London, Pluto Press. pp.108-109.
31 Ford, Glyn (2018). *Talking to North Korea: Ending the Nuclear Standoff*. London, Pluto Press. p.110.

은 이미 진행 중이던 식량 원조의 필요성을 북한에게 설득하여 유럽 NGO들과 함께 2011년까지 인도적 지원을 지속하였다. 이 기간 유럽연합은 북한에 총 5억 유로(미화 약 6억 3천만 달러)를 제공했으며, 이 중 1천만 유로(미화 약 1천3백만 달러)는 긴급 원조 형식으로 2011년에 제공되었고,[32] 주로 식량 안보와 산림 복구에 초점을 두었다.

4) 미국

대기근으로 시작된 국제사회의 대북지원 초기 기간동안 미국은 WFP를 포함한 대북 다자원조의 최대 지원국이었다.[33] 미국의 대북원조는 [그림 3]에서 연도별로 살펴볼 수 있다. 이 중 미국은 미화 약 13억 달러 이상 규모를 식량 및 에너지 원조 형태로 북한에 지원했다.

특히 미국의 에너지 원조는 1994년 북미제네바합의를 바탕으로 설립된 한반도에너지개발기구(Korean Peninsula Energy Development Organization, 이후 KEDO)에 대한 지원과 2006년 6자회담에 따른 북한의 핵 폐기를 위한 에너지 및 기술 지원이 포

---

[32] Ford, Glyn (2018). *Talking to North Korea: Ending the Nuclear Standoff*. London, Pluto Press. pp.112.

[33] Ford, Glyn (2018). *Talking to North Korea: Ending the Nuclear Standoff*. London, Pluto Press.

함되어 있다.[34] 그 외에도 미국은 2012년 의료 장비 및 의료 교육에 대한 소규모의 보건의료 원조를 북한에 제공하기도 했다.[35] 그러나 북한의 핵 개발로 인한 대북제재로 인해 미국은 2011년 이후부터는 일부 인도적 지원을 제외하고 북한에 대해 어떠한 지원도 제공하지 않고 있다.[36]

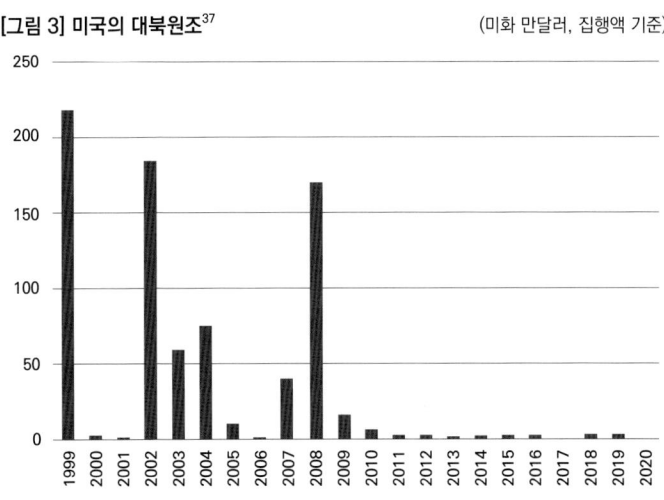

[그림 3] 미국의 대북원조[37] (미화 만달러, 집행액 기준)

---

34 Lim, Sojin (2023). *International Aid and Sustainable Development in North Korea*. London, Routledge.
35 Manyin, Mark E. and Mary Beth Nikitin (2012). Foreign Assistance to North Korea. Current Politics and Economics of Northern and Western Asia, 21(2): 221–254.
36 Lim, Sojin (2023). *International Aid and Sustainable Development in North Korea*. London, Routledge.
37 OECD DAC 통계시스템(Creditor Reporting System)을 바탕으로 저자 작성.

5) 일본

일본은 1990년 대기근 전까지는 북한에 대한 원조를 제공하지 않았다. 이는 한국에 대해 미화 약 3억 달러의 무상원조 및 미화 약 2억 달러의 유상원조를 제공한 것과는 대조적이다.[38] 한국은 당초 일본에 동 규모의 식민지 배상금을 요구하였지만, 일본 정부는 이를 경제협력으로 분류하여 원조자금으로 계상하였다.[39] 마찬가지로 북한 역시 일본에 지속적으로 식민지 배상을 요구하였지만, 일본 정부는 북한과 일본 간의 국교 정상화를 선행 조건으로 제시하였다.

1995년 KEDO의 설립을 계기로 일본은 대북지원에 합의하였으며,[40] 이는 국제사회의 대북 식량 원조 시기와 맞물린다. [표 5]

---

[38] Lim, Sojin (2021). The Evolution Story of South Korea from a Fragile State to an International Actor. In: Sojin Lim and Niki Alsford (eds). *Routledge Handbook of Contemporary South Korea*. London, Routledge. 118-135. p.121

[39] Lim, Sojin (2021). The Evolution Story of South Korea from a Fragile State to an International Actor. In: Sojin Lim and Niki Alsford (eds). *Routledge Handbook of Contemporary South Korea*. London, Routledge. 118-135; Söderbert, Marie (2006). Can Japanese Foreign Aid to North Korea Create Peace and Stability? Pacific Affairs, 79(3): 433-454.

[40] Hughes, Christopher W. (2006). The Political Economic of Japanese Sanctions Towards North Korea: Domestic Coalitions and International Systemic Pressures. Pacific Affairs, 79(3): 455-481; Söderbert, Marie (2006). Can Japanese Foreign Aid to North Korea Create Peace and Stability? Pacific Affairs, 79(3): 433-454.

는 일본의 1995년부터 2004년까지 북한에 대한 인도적 지원의 내용을 제시한다.

[표 5] 일본의 대북원조 (물자지원 포함)[41]

지원년도	양자원조	다자원조 및 다중양자원조
1995	50만 톤 규모의 쌀	미화 50만 달러 (UNICEF, UNDP, WHO)
1996	미화 75만 달러 규모의 의료기기	미화 525만 달러 (WFP, UNICEF)
1997	6만 7천톤 규모의 쌀	9천4백만 엔 (NGO)
2000	지원내용 없음	60만 톤 규모의 쌀 (WHP)
2004	지원 내용 없음	미화 4천7백10만 달러 (WHO, WFP, UNICEF, WHO)

일본의 대북지원은 1998년 북한의 대포동 미사일 발사로 인해 중단되었다.[42] 북한과 일본 간 국교 정상화 협상이 1999년에 시작되면서 일본의 대북한 식량 원조가 재개되었다. 그러나 2001년에서 2003년 사이 핵 개발 문제를 둘러싼 미국과 북한 사이의 긴장이 고조되면서 일본의 대북지원은 다시 한번 중단되었다. 이후 2002년 조일평양선언을 계기로 북한과 일본의 관계는 다시 개

---

41 Söderbert, Marie (2006). Can Japanese Foreign Aid to North Korea Create Peace and Stability? Pacific Affairs, 79(3): 433-454. p.451을 바탕으로 저자 재작성.
42 Söderbert, Marie (2006). Can Japanese Foreign Aid to North Korea Create Peace and Stability? Pacific Affairs, 79(3): 433-454.

선되었으며,[43] 이를 바탕으로 일본은 2004년 대북 식량 원조를 다시 재개하였다. 그러나 북한의 핵 개발로 인한 국제안보 문제와 납북자 문제 등에 대한 갈등이 고조되면서 일본의 독자적인 대북 제재가 본격화되었다. 이에 따라 OECD DAC의 통계시스템에는 일본의 대북한 ODA에 대한 기록이 부재한 상황이다.

6) 한국

한국은 1990년대 후반, 주요 대북지원 공여국이 되었다.[44] 1995년부터 1998년까지 한국은 북한에 미화 약 3억 1천6백만 달러 상당의 원조를 지원했는데, 이는 북한에 제공된 전체 원조 규모의 30% 이상을 차지한다.[45] 그러나 이는 한국의 대북 양자원조 내역을 포함한 것인지, 아니면 국제기구의 대북원조에 기여한 한국의 다자원조 및 다중양자원조 규모만을 의미하는 것인지는 분명하지 않다.

---

[43] Hughes, Christopher W. (2006). The Political Economic of Japanese Sanctions Towards North Korea: Domestic Coalitions and International Systemic Pressures. Pacific Affairs, 79(3): 455-481; Söderbert, Marie (2006). Can Japanese Foreign Aid to North Korea Create Peace and Stability? Pacific Affairs, 79(3): 433-454.

[44] Seth, Michael J. (2018). *North Korea: A History*. London: Palgrave.

[45] Ford, Glyn (2018). *Talking to North Korea: Ending the Nuclear Standoff*. London, Pluto Press. p.107.

한국의 북한에 대한 양자원조는 OECD DAC 통계에 포함되지 않는다. 한국 정부는 대북원조를 ODA로 보고하지 않는데, 이는 대한민국의 영토를 규정한 헌법 제3조에 따라 '한반도와 그 부속도서'에 속한 북한은 한국 영토의 일부이기 때문이다. 즉, 한국의 입장에서 대북지원은 한 국가가 다른 국가를 대상으로 지원을 제공하는 ODA가 아니라는 것이다. 한국은 대북 양자원조를 OECD DAC에 ODA로 보고하지 않는 대신에, 통일부를 통해 한국의 대북지원에 대한 자세한 통계를 자체적으로 제공하고 있다. 통일부가 제공하는 한국의 대북 인도적 지원 양상은 [그림 4]와 같다.

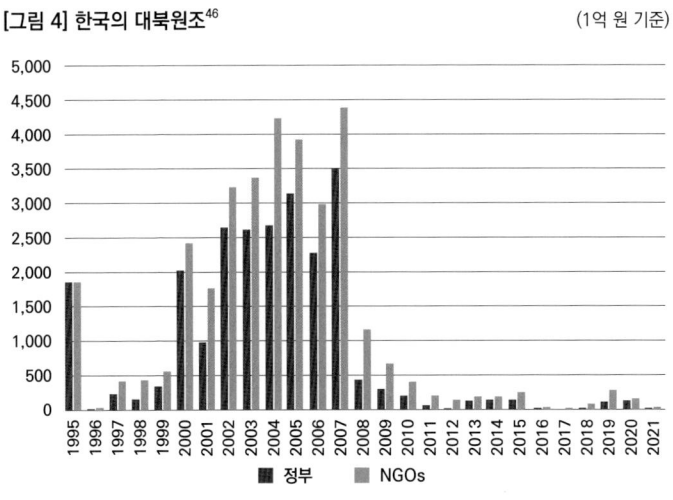

[그림 4] 한국의 대북원조[46] (1억 원 기준)

46　통일부 데이터를 바탕으로 저자 작성.

한국은 다른 공여국과 마찬가지로 1995년부터 북한에 대해 인도적 지원을 제공하기 시작하였다. 하지만 김영삼 정부는 북한의 인도적 지원 요청을 과장된 상황이라 분석하고 [그림 4]에서 보여주듯이 바로 다음해인 1996년 대북원조를 중단하였다. 그러나 이후 진보적 성향의 김대중(1998-2003) 정부와 노무현(2003-2008) 정부 기간 한국의 대북지원은 확대되었다. 하지만 보수적 성향의 이명박(2008-2013) 정부와 박근혜(2013-2017) 정부 기간 중 한국의 대북지원은 다시 급격히 감소하였다. 특히 2016년과 2017년 북한의 5차 및 6차 핵실험 이후 한국의 대북원조는 중지되었다.

이러한 흐름에 기반하여, 한국의 대북지원은 문재인(2017-2022) 진보 정부에서 다시 증가할 것으로 예상되었다. 하지만 문 정부 기간동안 대북원조는 소폭 증가에 그쳤고, 특히 코로나19로 인한 북한의 국경 폐쇄로 2020년부터 2021년까지 추가적인 대북지원은 거의 없었다. 이후 한국의 대북원조는 인도적 지원보다는 개발에 중점을 둔 형태로 진행되었다.

앞에서 한국의 대북 양자원조는 OECD DAC가 규정짓고 있는 ODA의 범주에 포함되지 않는다고 언급하였다. 한국 정부는 ODA 대신 남북협력기금(Inter-Korea Cooperation Fund, IKCF)의 형태로 대북 양자원조를 제공해오고 있다. 남북협력기금은 1990년에 통과된 남북협력기금법을 기반으로 1991년 3월에 설립되었다.

남북협력기금의 운영 주체는 통일부이고, 정부의 수탁을 받아 한국수출입은행이 남북협력기금의 운용과 관리를 맡고 있다.

남북협력기금은 '남북교류협력의 촉진과 민족공동체 화목에 기여하기 위한 사업 등에 자금을 공급하고자 설치된' 기금이며, '정부의 대북정책 추진을 뒷받침하는 재정수단'이자, '민간의 교류협력 기반조성을 위한 남북경제협력 금융지원에 대한 창구'의 역할을 한다.[47]

예를 들어, 개성공단에서 사업을 운영하는 기업들은 이 기금을 통해 대출을 받았고, 개성공단이 폐쇄되었을 때 한국수출입은행이 남북협력기금 보험을 기반으로 해당 기업들의 보험 문제를 처리하였다. KEDO를 위한 자금 대출도 남북협력기금 예산에 포함되어 있다. 남북협력기금은 또한 남북이 공동으로 주최하는 문화, 학술, 체육 행사도 지원하며, 이 기금의 일부는 인도적 대북지원에 사용된다. 1991년부터 2020년까지 한국 정부는 약 7.7조 원(미화 약 57.5억 달러)의 정부 예산을 남북협력기금으로 운용하였다. 하지만 이 기금의 약 0.2%만이 인도적 대북지원을 위해 배정됐다.[48]

---

47 한국수출입은행 (2024). 남북협력기금 https://www.koreaexim.go.kr/se/index
48 Lim, Sojin (2023). *International Aid and Sustainable Development in North Korea*. London, Routledge.

7) 그 외 공여국들

대북원조와 관련하여 구소련/러시아, 중국, 미국, 일본, 한국 이외의 국가들에 대한 연구는 아직까지 활발히 진행되지는 않았다. UNOCHA의 자료에 따르면 앞에서 언급된 국가들 이외에 영국, 스위스, 스웨덴, 덴마크, 이탈리아 등의 국가가 북한에 원조를 제공한 것으로 나타난다. 예를 들어, 덴마크는 1996년 북한에 미화 약 100만 달러 상당의 식량 원조를 약속한 바 있다.[49] 영국의 경우, 2005년 연간 약 2백만 파운드에 해당하는 인도적 지원을 북한에 제공했으며, 이는 유럽연합의 인도적 대북지원의 약 18%에서 20% 정도에 해당한다.[50] 또한 스위스는 주로 UNICEF의 WASH 사업(식수위생분야 지원 사업으로, water, sanitation and hygiene의 줄임말)을 통해 북한에 지속적으로 원조를 제공해왔다.

한편, 대부분의 선행 연구 및 본장의 앞부분에서 제시한 바와 같이, OECD DAC 공여국, 국제기구 및 NGO들이 대북원조를 처음으로 제공한 것은 1995년이었다. 그러나 OECD 통계에 따르면 북한은 1985년부터 ODA 수원국이었으며, 한국개발연구원의 데이터에 따르면 1960년대부터 이미 OECD DAC 공여국이 제공한

---

[49] 태영호, 『전 영국 주재 북한공사 태영호의 증언 : 3층 서기실의 암호』, 기파랑, 2018, 100쪽.
[50] 위의 책, 252쪽.

대북지원 자금의 흐름을 찾아볼 수 있다.[51] 또한 국제사회의 제재 조치에도 불구하고 일부 국가들은 북한에 지속적으로 ODA를 인도적 지원의 형태로 제공해온 것으로 보인다. [그림 5]는 OECD DAC 회원국이 북한에 제공한 ODA 통계를 보여준다.

[그림 5] OECD DAC 공여국의 대북원조[52] (미화 천달러 기준)

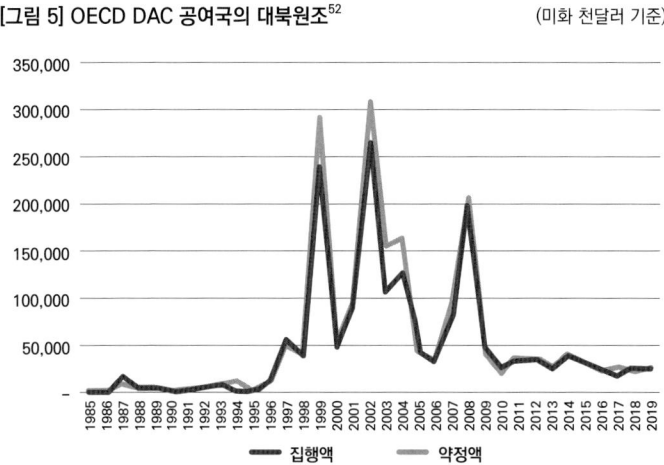

이와 같은 OECD 통계에 한국의 ODA 자료가 포함되어 있기는 하지만, 이는 앞에서 언급한 바와 같이 한국은 북한에 대한 양

---

51 Kim, Jiyoung (2014). The Politics of Foreign Aid in North Korea. The Korean Journal of International Studies, 12(2): 425-450. p.431.
52 통일부 데이터를 바탕으로 저자 작성.

자원조를 OECD ODA 통계 시스템에 보고하지 않기 때문이다. 따라서 [그림 4]의 통계에 포함된 한국의 대북원조 규모는 국제기구를 통해 전달된 내역만 포함한다. 중국 및 러시아를 포함한 일부 아프리카 국가들 역시 OECD DAC 회원국이 아니기 때문에 이들의 대북지원 규모는 이 자료에 포함되어 있지 않다.

스위스는 UNICEF를 통해 2025년까지 북한에 WASH 및 코로나19 관련 식량 지원 사업에 대한 원조를 약정하였다. 그 외에도 대부분의 식수 지원이 주로 UNICEF WASH 사업을 통해 이루어졌다.[53] 스위스와 함께 캐나다, 한국, 스웨덴 역시 대북한 WASH 사업에 주요 공여국으로 참여해 왔다.[54] 북한의 상하수도 시설은 1950년대 산업화의 일환으로 건설되었고, 대부분의 도시 상하수도 시설은 1970년대에 마련되었다. 그러나 1980년대 경제 침체로 북한 정부의 상하수도 시설에 대한 유지보수 또는 개선 노력은 매우 미흡하였다.[55] 따라서 UNICEF WASH 사업이 1995년부터 진행되어 왔지만 북한 인구의 39%는 아직도 정수된 물을 공급받지 못하고 있다.[56]

---

[53] 이경희, 「북한의 물 거버넌스 변화 연구 : 북한과 유니세프의 물 협력 실증분석을 중심으로」, 『국제정치논총』 59(3), 2019, 347~379쪽.
[54] UNICEF DPRK (2020). *UNICEF DPRK Humanitarian Situation Report No. 2*.
[55] 이경희, 앞의 논문, 347~379쪽; UNICEF DPRK (2022). *Water, Sanitation and Hygiene*.
[56] UNICEF DPRK (2022). *Water, Sanitation and Hygiene*.

따라서 UNICEF는 WASH 사업을 지속하고자 노력하고 있다. 코로나19로 인한 북한의 국경 폐쇄로 인해 UNICEF의 모든 해외 직원이 2020년 12월을 기점으로 북한에서 철수하게 되면서 해당 사업은 국가 사무소의 현지 직원에 의해 운영되고 있으며, 해외 직원들은 사업을 원격으로 관리하고 있다. 팬데믹 기간 깨끗한 물 공급의 중요성이 그 어느 때보다 절실했지만, 팬데믹으로 인해 WASH 사업은 북한에서의 활동 규모가 크게 축소되었다.[57]

8) 비정부기구

NGO의 대북지원은 양자원조 공여국 또는 다자원조 국제기구가 제공하는 원조와 그 추세가 거의 비슷하다. NGO는 국제 제재 하에서 대북원조를 제공할 수 없기 때문이다. NGO 역시 각국 정부가 인도적 대북지원을 시작한 1995년부터 대북지원을 시작하였다. 예를 들어, 1996년 덴마크 정부가 북한에 식량을 지원할 때 덴마크 적십자사, 덴마크 카리타스 등의 덴마크 NGO들도 북한에 식량 원조를 제공했다.[58] 정부와 NGO의 이러한 대북지원 양상은 한국의 사례에서도 확인할 수 있다 ([그림 4] 참조). 한국 NGO들은 1996년부터 2001년까지 다른 국가의 NGO들보다 북한에 더 많

---

[57] UNICEF DPRK (2020). *UNICEF DPRK Humanitarian Situation Report No. 2.*
[58] 태영호, 앞의 책, 102쪽.

은 식량 원조를 제공했다. 이 기간 한국 NGO는 약 26만 2천747톤에서 29만 2천289톤 가량의 식량을 대북원조의 형태로 지원했고, 이는 전체 NGO들의 대북 식량 원조 규모의 48.8%를 차지한다. WFP의 자료에 따르면 동 기간동안 북한에 대해 유럽의 NGO들은 약 26만 1천65톤(48.4%), 미국의 NGO들은 약 1만 2천24톤에서 1만 3천24톤(2.4%), 일본의 NGO들은 약 2천95톤(0.4%)의 식량 원조를 제공했다.[59]

---

[59] Flake, L. Gordon (2003). The Experience of US NGOs in North Korea. In: L. Gordon Flake and Scott Snyder (eds). Paved with Good Intentions: The NGOs Experience in North Korea. Westport, Praeger Publishers. 15-46. p.23 및 p.36.

3
결론
: 국제사회의 대북지원과 건강

　본 장은 국제사회의 대북지원에 대해 구소련/러시아와 중국, 국제기구, 미국, 일본, 한국, 그 외 공여국가들, 그리고 NGO로 구분하여 정리해 보았다. 통계와 분석내용을 통해 알 수 있듯이, 국제사회의 대북지원은 제재로 인해 규모 뿐 아니라 지원 형태도 인도적 지원으로 제한되어 있다. 나아가 코로나19로 인한 국경 폐쇄 이후 북한은 자발적으로 국제사회의 대북지원을 제한하고 있고, 최근 매우 소규모의 지원만이 재개되고 있는 실정이다.

　비록 북한의 보건 분야에 대한 지원이 유엔과 북한 정부 간 중요한 부분 중 하나로 제시되어 있으나, 인도적 지원의 한계로 인해 현재까지 북한에 제공된 보건 분야에 대한 지원은 식량 원조에 비해 소규모로 진행되어 왔다. 물론 큰 범주에서 보았을 때,

북한에 비교적 지속적으로 지원된 UNICEF WASH 사업이 안전한 식수공급와 위생적인 상하수도 시설 지원이라는 점에서 보건 분야의 일부라고 생각할 수도 있다. 그러나 그 외 전반적으로 보건 분야에 대한 지원은 매우 미흡한 것이 현실이다.

비록 북한 당국은 핵 개발 등을 중심으로 국제안보를 위협하고 있으나, 북한의 일반 국민들은 아직도 국제사회의 지원이 없이는 양질의 삶을 유지할 수 없는 상황이다. 따라서 향후 대북지원이 재개되었을 때, 또한 국제사회의 제재 하에서 인도적 지원만이 허가되는 상황이라고 할 때, 공여국들은 식량 분야 뿐 아니라 보건 분야에 대한 지원을 확대하여 팬데믹과 같은 상황에서 북한의 대처 역량을 강화하고, 지속적인 지원이 가능할 수 있도록 해야할 것이다.

참고문헌

김진혁·문미라, 「사회주의 진영의 북한 의료지원과 교류(1945-1958) : 소련배우기의 주체적 발전의 틈새에서」, 『의사학』 28(1), 2019, 139~189쪽.

이경희, 「북한의 물 거버넌스 변화 연구: 북한과 유니세프의 물 협력 실증 분석을 중심으로」, 『국제정치논총』 59(3), 2019, 347~379쪽.

임소진, 「원조형태에따른원조동기와국익연계패턴분석: 한국, 일본, 독일, 프랑스사례를중심으로」, 『국가전략』 23(1), 2017, 87~106쪽.

임소진, 「국제개발협력과 지속가능발전목표(SDGs)」KOICA ODA 교육원, 『국제개발협력 입문편(개정판)』, 아이스크림미디어, 2022.

정구연·손혁상 외, 「유엔의 대북지원 현황과 평가」, 『북한 개발협력의 이해』, 도서출판 오름, 2017.

태영호, 『전 영국 주재 북한공사 태영호의 증언: 3층 서기실의 암호』, 기파랑, 2018.

한국수출입은행. 남북협력기금. https://www.koreaexim.go.kr/se/index. 2024.

Cartier-Bresson, Jean. "Official Development Assistance in Fragile States". Crime Law Soc Change, 58: 495-507. 2012.

Fahy, Sandra. *Marching Through Suffering: Loss and Survival in North Korea*. New York, Columbia University Press. 2019

Flake, L. Gordon. The Experience of US NGOs in North Korea. In: L. Gordon Flake and Scott Snyder (eds). *Paved with Good Intentions: The NGOs Experience in North Korea*. Westport, Praeger Publishers. 15-46. 2023.

Ford, Glyn. *Talking to North Korea: Ending the Nuclear Standoff*. London, Pluto Press. 2018.

JICA. "Linking Humanitarian Aid and Development Aid: A Lively Discussion with Julia Steets and Other Experts". JICA Ogata Sadako Research Institute for Peace and Development News and Topics, 16 January 2017.

Hughes, Christopher W. "The Political Economic of Japanese Sanctions Towards North Korea: Domestic Coalitions and International Systemic Pressures". Pacific Affairs, 79(3): 455-481. 2006.

Kim, Jiyoung. "The Politics of Foreign Aid in North Korea". The Korean Journal of International Studies, 12(2): 425-450. 2014.

Lancaster, Carol. *Foreign Aid: Diplomacy, Development, Domestic Politics*. London, University of Chicago Press. 2007.

Lankov, Andrei. *The Real North Korea: Life and Politics in the Failed Stalinist Utopia*. New York, Oxford University Press. 2015.

Lee, Suk and Byoungkoo Cho. "North Korean Statistics and Research on the North Korean Economy". Dialogue on the North Korea Economy No. April 2021. Sejong, Korea Development Institute. 2021.

Lim, Sojin. The Evolution Story of South Korea from A Fragile State to An International Actor, in Sojin Lim and Niki J.P. Alsford (eds): *Routledge Handbook of Contemporary South Korea*. London, Routledge, 118~135. 2021.

Lim, Sojin. *International Aid and Sustainable Development in North Korea*. London, Routledge. 2023.

Macrae, Joanna and Adele Harmer. "Beyond the Continuum: An Overview of the Changing Role of Aid Policy in Protracted

Crises". HPG Research Briefing Number 16. London, Overseas Development Institute. 2024

Manyin, Mark E. and Mary Beth Nikitin. "Foreign Assistance to North Korea". Current Politics and Economics of Northern and Western Asia, 21(2): 221-254. 2012.

Milner, Helen V. and Dustin Tingley. "The Choice for Multilateralism: Foreign Aid and American Foreign Policy". Review of International Organizations, 8(3): 313–341. 2013.

OCHA. "Peacebuilding and Linkages with Humanitarian Action: Key Emerging Trends and Challenges". OCHA Occasional Policy Briefing Series No. 7. New York, OCHA. 2011.

OECD. *States pf Fragility 2018*. Highlights. Paris, OECD. 2018.

Reilly, James. "The Curious Case of China's Aid to North Korea". Asian Survey, 54(6): 1158-1183. 2014.

Seth, Michael J. *North Korea: A History*. London: Palgrave. 2018.

Smith, Hazel. *North Korea: Markets and Military Rule*. Cambridge: Cambridge University Press. 2015.

Söderbert, Marie. "Can Japanese Foreign Aid to North Korea Create Peace and Stability?" Pacific Affairs, 79(3): 433-454. 2006.

State Council Information Office. *China's Foreign Aid*. Beijing, State Council Information Office of the People's Republic of China2011.

State Council Information Office. *China's Foreign Aid*. Beijing, State Council Information Office of the People's Republic of China. 2014.

State Council Information Office. *China's International Development Cooperation in the New Era*. Beijing, State Council Information Office of the People's Republic of China. 2021.

UNICEF DPRK. *UNICEF DPRK Humanitarian Situation Report No. 2*. 2020.

UNICEF DPRK. *Water, Sanitation and Hygiene*. 2022.